AF346800

TRAITÉ

DE LA

GARANTIE

INDIVIDUELLE.

Cet Ouvrage se vend chez les Libraires suivans:

CAILLOT, rue du Hurepoix, n°. 9.
RONDONNEAU, rue Saint-Honoré.
GARNERY, rue de Seine.
V° DUFRESNE, au Palais de Justice.

TRAITÉ

DE LA

GARANTIE

INDIVIDUELLE,

ET

Des diverses Preuves en matière criminelle.

Par P.-J. LAUZE DE PERET, Avocat.

Optima est lex quæ minimùm reliquit arbitrio judicis, optimus judex qui minimùm sibi.
(BACON, de dig. et augm. scient.)

PARIS,

IMPRIMERIE DE CAILLOT,

RUE DU HUREPOIX, N°. 9.

1805.

BIBLIOTHÈQUE DE L'ÉTAT

Deux exemplaires de cet ouvrage ont été déposés à la Bibliothèque impériale.

Tous contrefacteurs, distributeurs et débitans de contrefaçons de cette édition, seront poursuivis, aux termes et dans toute la rigueur des lois, devant les tribunaux.

Chaque exemplaire porte la signature de l'auteur.

A MONSIEUR

DELAFLEUTRIE,

Substitut de M. le Procureur-Général Impérial, près la Cour de Justice Criminelle et Spéciale du Département de la Seine.

MONSIEUR,

La dédicace d'un ouvrage est le plus souvent le motif de l'ouvrage. C'est à l'homme constitué en dignité, à l'homme puissant, au protecteur, qu'on le dédie : on cherche un appui dans celui dont on paroît seconder les vœux, et dont on flatte l'opinion. C'est à cela que se réduit parmi nous le Patronage de l'ancienne Rome.

Des motifs différens, des convenances plus chères, un espoir plus sacré me portent à dédier cet ouvrage à M. Delasteutrie.

Quand les Verguiaud, les Brisson, les Condorcet ;

quand les vingt-deux, quand
les talens élevés, les lumières,
les intentions justes ; quand
les vertus succombèrent, et
qu'il fut vrai de dire, dans
cette nouvelle décision des
destinées de l'Europe, comme
dans celle où Rome avait
balancé les destinées du monde
en pesant la sienne : Les
Dieux pour le succès, Caton
pour la vertu ; dans ces jours
désastreux, je vous perdis,
ô mon Père ! Votre mort fut
mémorable. Que l'on par-

donne à un fils de parler
comme l'histoire : Les Vingt-
Deux sont immortels !

Il fut beau de choisir
ce moment de se montrer
pour eux. M. Delasseutrie
vint offrir à mon Père tous
le secours d'un talent déjà
célèbre ; il se déclara, il
se présenta au Tribunal.
Il ne lui fut point permis
de parler ; mais son généreux dévouement restera toujours dans ma mémoire. Une
des dernières paroles de mon

Père fut de m'en recomman-
der le souvenir : ma propre
reconnoissance adopte cette
dette sacrée. Fidèle à ses
intentions, j'hériterai de sa
pensée.

Mais les rapports ou les
différences dans la manière
de voir des hommes sur des
questions générales, sur des
objets plus vastes que les
convenances de la moralité
individuelle, sont étrangers
aux rapports de l'amitié,
comme aux devoirs que d'au-

DÉDICATOIRE.
Père fut de m'en recomman-

cieux souvenirs peuvent ins-
pirer.

Je ne me suis point at-
taché à savoir si les diverses
opinions que cet écrit peut
annoncer étaient ou n'étaient
pas celles du Magistrat dont
le nom, placé ici, n'est point
destiné à les autoriser.

Il suffit de ne présenter
ainsi la vérité, dans cette
indépendance qui lui est propre, qu'à ceux qui l'aiment,
qui la font respecter, qui

vous daignez d'en enseigner
les voies.

J'ose parler des intérêts
publics : je ne puis donc en
connaître d'autres. Rien n'a-
vilira mes premiers essais. Que
par mes intentions du moins,
ils répondent à l'importance
des questions que j'y traite.
La haute utilité de leur objet appellera l'attention d'un
Magistrat à qui ces idées
sont si familières. Alors,
quelle que soit l'exécution,
rien ne vous détournera ,

ÉPITRE

Monsieur, d'agréer l'hom-
mage d'une reconnaissance
si juste, avec laquelle

J'ai l'honneur d'être,

MONSIEUR,

Votre très-humble
et très-dévoué serviteur,

LAUZE DE PERET.

Paris, ce 1 Frimaire an 14.

INTRODUCTION.

LE code civil terminé faisait espérer un système complet de législation. Ce code est généralement approuvé des publicistes de l'Europe, et plusieurs parties en sont admirées.

Il importe aux plus chers intérêts des peuples, que le code criminel s'approche autant de la perfection. Après tant de siècles passés sous des lois incohérentes, une voix universelle répète que cet ensemble, cette harmonie dans nos institutions, sera l'un des titres les plus glorieux à la reconnaissance publique pour le Gouvernement qui la provoqua, qui en voulut, qui en dirige l'exécution.

Les lois civiles et les lois criminelles sont liées essentiellement, et se prêtent un appui mutuel. La réforme des unes exigerait impérieusement que l'on rédigeât de nouveau les autres, quand même leur imperfection actuelle et le défaut d'ensemble n'en feraient pas regarder la révision comme un bienfait particulier.

Le code criminel va être discuté : c'est le moment de présenter quelques vues sur les lois judiciaires.

Par-tout où il s'agit de contenir les vices, de réprimer les intentions dangereuses, de punir les délits, de rendre le crime toujours difficile dans la société, toujours

funeste à son auteur, le grand problême à résoudre, c'est de concilier également la sûreté de la société et la garantie de l'accusé : le
grand écueil à éviter, c'est d'accorder trop à la société déjà si puissante, et trop peu au prévenu, si
faible comme individu, si exposé
comme malheureux.

La garantie de la société ne sera
point notre objet. Il est rarement
à craindre qu'elle soit négligée par
la société qui fait les lois.

La garantie de l'accusé nous occupera seule sous ses diverses formes. Sans doute elle ne serait pas
sacrifiée par les législateurs d'un
peuple éclairé : mais quel homme
aimant son pays, et ramené par
sa profession même au pénible

sentiment des dangers de l'innocence, n'occupera pas sa pensée de tout ce qui pourrait prévenir tant d'injustices, la plupart involontaires ? Heureux quand son travail sera superflu, quand sa sollicitude sera vaine !

La garantie la plus sûre, comme la plus satisfaisante, est dans l'institution précieuse du Jury. L'accusé ne voit dans un juré qu'un autre lui-même qui cherche à s'identifier avec lui. C'est, en quelque sorte, la raison du coupable dans l'état ordinaire d'innocence, qui juge cette même raison égarée momentanément par le crime, ou par les terreurs qui le suivent. Innocent, il sera acquitté par la conviction d'un autre lui-

même : coupable, il sera condamné
de la même manière que s'il l'était
par sa propre conscience et par ses
remords. Toujours il est jugé par
ses pairs, par ses représentans ; et
s'ils viennent à errer, c'est le malheur de la faiblesse humaine,
comme dans les erreurs où nous
tombons tous les jours sur nos propres intérêts : ces erreurs sont les
moindres possible ; et si elles sont
inévitables, c'est par les raisons
même qui font notre perfectibilité.

Le Jury peut donc être abandonné à sa propre conscience ; ou
plutôt cela doit être ainsi. La décision des jurés est toute morale ; elle
est religieuse en quelque sorte. Ils
décident sur la foi du serment, ils

ont juré d'être équitables. Voilà le *Jury* : parce qu'il est formé des pairs de l'accusé.

Mais les Juges sont les ministres de la justice écrite. *Juges*, ils jugent matériellement, si l'on peut s'exprimer ainsi, et cette distinction est absolue, comme l'annonce l'étymologie des deux mots. Jamais il n'entra dans une tête saine que ces diverses attributions de jurés et de juges pussent être confondues. Ceux-ci ne sont point les pairs de l'accusé : où serait la garantie, s'il y avait de l'arbitraire dans leur décision, dans les élémens de leur conviction ? (*a*)

Si même l'institution du Jury est maintenue, comme tout doit le faire espérer et le rendre presque indubitable, nos observations sur la nécessité d'une preuve légale pour la garantie des accusés ne seront point sans objet. Il existe des cours spéciales, établies momentanément il est vrai, mais pour un temps dont le terme peut être reculé par tant d'événemens ! Et, dans tous les cas possibles, où les jugemens seront rendus avec des formes différentes de celles de l'organisation judiciaire générale, la question de la preuve légale aura toute son application. Jamais on ne parla de la conviction morale avant l'institution du Jury. Tout tribunal d'exception rentre donc incontestablement dans l'ancien ordre de choses, et ne peut juger que d'après des moyens de conviction

spécifiés par la loi. Je dis incontestablement ; car l'on n'a rien dit,
rien écrit, lors même de l'établissement de ces tribunaux d'exception, qui annonçât seulement une
pensée contraire.

Ce systême ancien de preuves
légales qui lie encore tout juge,
mais par lequel les jurés ne sont
point liés, ne donne pas, il est
vrai, la solution entière du problême de garantie respective. Cette
espèce de code des preuves a besoin de réforme et d'améliorations:
mais la nécessité de ces preuves,
nécessité visible, reconnue et con-
sacrée par tous les siècles, le sera
sur-tout dans ce siècle de lumières
et d'exactitude. Sur des objets
semblables, dont les principes évi-

dens sont dans la nature de l'homme, et dont les conséquences décident de ses intérêts les plus chers; sur ces matières de jurisprudence, l'opinion universelle ne peut être égarée; elle n'a pu l'être en cédant aux premiers sentimens de justice, en suivant les voies les plus simples de la raison.

Nulle question n'intéresse plus certainement l'universalité des membres de l'Etat. Cette garantie est le droit, comme le besoin de tous. Il est légitime de s'en occuper au moment de la rédaction du code criminel; il est essentiel d'en parler quand plusieurs cherchent à faire prévaloir un système nouveau sur lequel on ne peut rien dire, sinon qu'il existe, qu'on

l'annonce assez hautement, qu'on
s'attache à substituer à toutes les
lois formelles et nullement abrogées, je ne sais quels principes encore secrets d'une jurisprudence
vague, arbitraire, et que rien de
légal n'autorise.

TRAITÉ

DE LA

GARANTIE

INDIVIDUELLE.

DE LA LOI.

La justice est une conséquence de l'équité.

Le sentiment de l'équilibre est le sentiment le plus simple peut-être qui résulte de nos perceptions comparées. Ainsi l'équité est un besoin dans quiconque est capable de comparer, c'est-à-dire de penser : ainsi la justice est un résultat essentiel de l'organisation intellectuelle, une loi primitive des facultés morales, une règle nécessaire, une règle antérieure aux modifications

accidentelles et convenues d'un calcul
politique.

Ainsi les principes de la justice sont
immuables en nous. Les lois premières
de la justice humaine sont une acception particulière, mais positive et directe, des lois éternelles de la nature
des choses, de l'idée incréée et arché-
type, de l'idée qui est, non-seulement
indépendamment de la fantaisie d'un
peuple, du système d'un législateur,
de la volonté des hommes, des cons-
titutions des Etats; mais indépendamment même et de l'homme, et de la
terre, et du monde existant.

De toute éternité il était, que deux
masses égales d'une même substance
homogène, seraient semblables. De
toute éternité il était donc, que quand
deux hommes se seraient associés sans
restriction, l'intérêt de l'un devrait être
exactement égal à l'intérêt de l'autre
dans l'esprit de tous deux.

L'étymologie même du mot *législa-*

tion semble attester l'ancienne connaissance de ces principes invariables (*b*).
Le législateur rédige seulement la loi,
il ne la fait pas ; le souverain la reconnaît, le gouvernement la proclame : et
la loi est loi, non pas parce qu'elle
est faite, mais parce qu'elle est reconnue. La loi *n'est* pas un ordre à suivre,
mais une règle à lire, *lex*. La loi rédigée et reconnue, n'est qu'une expression avouée selon un certain mode politique, de la règle fixée dans tous et
établie sur tous, par la nature qui nous
contient et nous entraîne tous. *Le légis-*
lateur écrit la loi éternelle.

Quelque hypothèse que l'on admette
sur les premiers moyens, sur l'enchaî_
nement, sur la filiation de nos idées,
ces principes de la justice restent incon-
testables. Et sous la domination la plus
injuste, sous l'empire des habitudes les
plus erronées, la justice est reconnue
dès qu'elle paraît ; elle est adoptée, elle
est aimée dès qu'elle est reconnue.

Les systèmes actuels de l'idéologie
mathématique fussent-ils prouvés ma-
thématiquement, ces principes de la
justice n'en seraient pas moins inébran-
lables. Que l'homme moral soit une
émanation intellectuelle, portion du
grand être qui connaît et gouverne ;
que la moralité de l'homme soit une
qualité abstraite, une harmonie effec-
tuée uniquement par les facultés diverses et bien conciliées de son organisation physique : soit que l'ame existe,
substance réelle et indépendante des
corps, et individuellement caractérisée ;
soit que l'intelligence ne doive être considérée que comme le résultat expres-
sif, sonore en quelque sorte ou sensitif
d'un instrument corporel, muet par lui-
même, mais préparé pour être mu d'une
manière productive : qu'elle soit un être
à part, animant notre être visible ; ou
seulement une propriété de notre être
matériel : on ne voit pas qu'il puisse
être établi d'autres bases de la justice

positive, ni que rien de solide puisse
être objecté contre celles-ci.

Vous voulez comparer les choses,
vous établissez une ligne d'égalité, d'é-
quilibre, un niveau : vous trouvez alors
ces choses ou semblables, ou plus ou
moins grandes. La justesse dans cette
estimation forme l'équité. Vous con-
sidérez ensuite ces choses comme attribuées à des personnes dont les droits,
également pesés, vous semblent égaux,
ou plus ou moins forts. La rectitude,
la bonne-foi dans cette double estimation produit la justice. Les lois de
parallélisme, de niveau, les rapports
mathématiques, ces lois de proportions
et de nombres sont éternelles comme
l'essence de l'être existant et de l'être
possible. Si même l'univers n'était pas,
une intelligence indépendante de l'univers serait certaine que deux est à quatre
comme six est à douze.

Parce que ces lois sont nécessaires,
la justice est incréée, la vertu est pri-

mitive. La sagesse antique avait dit :
La vertu est fondée sur les lois des nombres. Ceux qui n'entendirent pas, s'indi-
gnèrent contre Pythagore ou son école :
ils crurent qu'on faisait du devoir une
affaire de calcul personnel, et fondé sur
les intérêts présens de la vie, parce
qu'on en trouvait les premières bases
dans ces lois du calcul universel, dont
la conception du monde n'est que le
résultat, et dont le monde effectué n'est
que l'expression visible. Ils sentaient
que la justice se peint dans nous comme
l'évidente vérité, que la vertu nous
est nécessaire comme l'existence, et que
l'homme laisse mutiler son être lorsqu'il
souffre que sa moralité soit altérée.

C'est la vérité même, autrement en-
tendue, qui rendit odieuse la vérité
plus profondément conçue que Pythagore annonçait; comme ce fut le sentiment confus et égaré d'une divinité,
qui souleva l'opinion contre Socrate
annonçant une divinité sublime.

Par-tout la justice fut chérie des nations, elle leur fut toujours nécessaire, elle est dans l'homme. C'est elle-même que les brigands invoquent contre la société qu'ils prétendent tyrannique. Souvent elle fut méconnue; jamais elle n'est abandonnée volontairement, si ce n'est dans l'égarement presque involontaire de la passion, ou par des hommes en petit nombre dont l'organisation monstrueuse fait exception dans l'espèce, et n'est pas selon la marche générale, mais seulement dans les discordances accidentelles de la nature.

La race entière des hommes a senti la justice, elle l'a aimée, elle l'a voulue. Les lois n'ont été rédigées que pour la reconnaître, pour l'interpréter, pour la proclamer. La loi n'eut jamais et ne saurait avoir d'autre base que la justice, que le droit naturel de chaque individu modifié selon les lois d'équité qui résultent de la réunion, et qui font

obtenir un ensemble heureusement organisé.

Si la loi était convenue par tous les
membres de la cité réunis et d'une volonté unanime , sans doute elle serait
toujours bonne. L'existence seule d'une
loi lui imprimerait tous les caractères
des lois les plus parfaites , les plus sacrées. Mais quand c'est seulement la
majorité qui veut , quand la minorité
cède , il ne suffit plus que la loi soit
promulguée , il faut encore qu'elle ne
s'écarte pas essentiellement des vrais
besoins de l'homme en société. On
objecte que la minorité consent puisqu'elle ne se retire pas ; mais où se reti-
rera-t-elle, s'il arrive que par-tout il soit
établi des lois contraires à une certaine
classe , et que la minorité se trouve être
en effet la très-grande majorité , par la
réunion de tous ceux qui n'ont pas voté , .
et pour qui la loi n'est pas une convention , mais un ordre ?

Si vous admettez que dans un Etat de

peu d'étendue, la loi sera discutée par tous, et décrétée par la pluralité, il faudra m'accorder la nécessité de la rendre conforme au droit naturel. Dans une terre inculte, la majorité des colons trouve politique d'établir que les fils, dès qu'ils atteindront l'âge de trente ans, ôteront la vie à leurs pères: la minorité doit-elle être contrainte de se conformer à des dispositions dont l'utilité n'empêche pas que l'exécution lui en fasse horreur? Je dis que cette loi sera injuste, quoique établie par la majorité, si elle soumet plusieurs hommes à une chose contraire à la nature de l'homme.

Si au contraire tous y consentaient sans exception, la loi serait bonne, quoique très-étrange, parce qu'il faudrait bien qu'une très-grande nécessité eût déterminé à trouver naturel ce qui n'eût pu l'être dans toute autre circonstance, et parce qu'il est impossible que tous les hommes approuvent et décident ce qui serait contraire aux inclinations, aux intérêts de tous, à la raison de l'homme. Mais le plus grand nombre même peut être séduit quelquefois par des avantages qu'il espère obtenir sur le petit nombre.

Et quand la loi donnée par un seul, ou rédigée par quelques-uns au nom d'un certain nombre, oblige la masse entière, avant même ordinairement qu'elle en ait entendu parler, qui aura l'impudeur de soutenir qu'une décision est une loi, une loi aussi bonne, aussi juste que toute autre, uniquement parce que le mot loi se trouve à la tête de l'édit ?

Si un homme obscur, si un discoureur isolé, si un publiciste même, un individu enfin, quelque célèbre qu'il fût, avançait qu'il n'y a point de justice essentielle parmi les hommes; que tout droit naturel est chimérique; que tout ce qui les soumet est bon; que tout ce qui est, est bien; qu'une loi erronée est une loi sainte, quel mal produiraient dans l'Europe ces rêves d'un homme que seulement on aurait à réfuter, et dont le génie même ne pourrait faire autorité s'il ne prouvait pas? Mais que des hommes publics, mais que des membres de corps considérés, établis pour instruire, pour diriger, osent professer solennellement des principes destructeurs de toute morale, une prétendue politique opposée aux lois indélébiles sur lesquelles repose cet art suprême d'instituer les Etats; c'est ce que tout homme qui connaît les destinées de son pays et l'influence des conceptions du génie français sur les peuples et sur les générations, ne peut voir sans surprise, sans indignation, sans effroi.

Comme il faut à tout parti un coryphée, que l'on produise, que l'on vante, à toute secte un chef dont le nom soit presque divinisé, ces novateurs marchent à la suite d'un homme supérieur, dont les vastes conceptions excitent un

juste enthousiasme, et qui en décou-
vrant, ou en démontrant d'une manière
profonde, les principes essentiels d'où
dérivent toutes les conséquences sociales, remonta plus haut dans l'enchaînement des vérités que les Locke, les
Montesquieu.

Mais cet homme, c'est M. Bentham.

M. Bentham est un praticien dont les
ouvrages, remplis de vues utiles, loin
de remonter aux lois prises dans la nature de l'homme et des choses, à ces
lois mieux expliquées, ne parlent pas
même des lois constitutives des États.
Sa législation n'embrasse que des objets
importans, mais secondaires de la législation. M. Bentham est un jurisconsulte
estimable, mais qu'il serait plaisant de
citer en politique, puisque la politique
n'est point son objet. C'est un homme
de mérite : on veut l'opposer à Locke,
à Blackstone, à Cocceiji, à Montesquieu, à Rousseau, dont M. Bentham
a voulu combattre les idées. Mais

Rousseau, Locke, Montesquieu, sont immortels : avant de les réfuter, il eût fallu prouver du moins qu'on était du petit nombre qui entend le génie (c).

DES LOIS CRIMINELLES.

On ne peut pas espérer que les institutions même les plus sages rendent les lois criminelles superflues. Cette perfection de l'ordre social qui nous ferait oublier le triste besoin de lois répressives, est une perfection idéale dont on ne prétend pas même s'approcher assez pour oser tenter jamais ce grand résultat : des lois civiles, et point de lois pénales.

Les lois civiles paraissent d'abord seules conformes au but de la société, à la nature des desirs, des besoins qui ont réuni les hommes; mais il n'est pas moins dans la nature de l'homme, que des lois pénales soient indispensables pour la garantie des meilleurs réglemens civils. Cependant ces lois étant un mal par elles-mêmes, et n'étant bonnes que comme un remède malheureux qu'on ne saurait éviter d'opposer à un mal plus grand, plus universel, il faut que les lois civiles s'avancent le plus possible vers ce modèle idéal de perfection où l'on imagine l'inutilité des châtimens; il faut que les lois pénales soient aussi simples, aussi claires, aussi fixes, aussi indulgentes même, c'est à-dire aussi peu mauvaises qu'il est possible, dans la nécessité où l'on est de chercher en elles une garantie. C'est un principe essentiel que ne doit jamais méconnaître celui qui travaille ou coopère à la rédaction d'un code criminel; que l'homme étant le sujet sur lequel s'exercent les lois pénales, c'est être l'ennemi de l'homme que d'en proposer de cruelles ou d'atroces dans leurs effets, d'incertaines dans leurs moyens.

Si les hommes n'étaient pas presque tous occupés sans cesse, soit à lutter contre les difficultés de la vie, soit à y joindre les longs embarras des passions accidentelles; s'ils pouvaient être tous

instruits; si, sur-tout, l'on était par-
venu à ce point extrême des connaissances, que les hommes s'en tinssent à
peu d'idées, mais que tous pussent en
avoir de justes; si enfin tout ce qui n'est
pas et ne sera pas, était, chaque individu sentant les avantages publics, et
dès lors personnels, de l'ordre établi,
éviterait aussi soigneusement de l'en-
freindre, que l'on évite de ruiner ses propres affaires. Les lois civiles seraient
nécessaires; ce serait une convention
pour s'entendre. Les lois pénales seraient
inutiles; il n'y aurait pas de crimes,
puisque les seuls insensés pourraient
être tentés de faire autre chose que ce
qui conviendrait à tous.

Mais les différences entre les situations
des hommes sont modifiées presqu'à
l'infini; l'opposition de leurs intérêts
est perpétuelle. Tout les distrait du sentiment de cette sécurité que l'ordre
social leur procure; tout leur rappelle
les sacrifices qu'il exige d'eux, parce

que cette sécurité est un bienfait uniforme, constant, presque insensible ;
tandis que ces sacrifices, toujours variés
et renaissans, qui compriment sans
cesse leur volonté, qui arrêtent sans
cesse leurs desirs, leur montrent, sous
toutes les formes, cette portion perdue
de liberté dont le regret toujours excité,
et souvent sans compensation visible,
finit par devenir une sorte d'impatience,
première préparation du crime, et de mé-
contentement, premier oubli du devoir.

Voilà les lois criminelles devenues
nécessaires. Ces passions funestes que
les lois civiles n'ont pu éteindre, seront
employées contre elles-mêmes par les
lois pénales. Parce que les premières,
dans leur imperfection, n'ont pu contenir ce que l'intérêt personnel a de
mauvais, il faut que celles-ci, dans
leurs moyens déplorables, s'appuient
sur ce qu'il a de plus vil. Et c'est ainsi
qu'altérant par les lois mêmes cette moralité inconciliable avec nos mœurs,

que les lois voulaient produire , notre
législation ne laisse d'autre résultat de
son ouvrage , essayé et ruiné par elle-
même , que l'aveu de l'impuissance humaine , quand elle cherche à faire d'un
peuple nombreux et industrieux un
peuple d'hommes de bien.

Cependant comme il faut que le peuple soit nombreux et industrieux ; il a
fallu que l'on se réduisit à vouloir qu'il
y eût quelques hommes de bien , que
les autres fussent généralement assez
tranquilles , et que les méchans ne pussent pas l'être impunément.

Voilà les lois criminelles établies ;
voilà les lois civiles dispensées d'être parfaites ; c'est-à-dire qu'il est désormais
superflu que des institutions dont nous
ne voulons pas , forment des hommes
dont nous n'avons pas besoin. Par le
moyen des lois criminelles , les choses
marchent , et il n'est pas prouvé qu'elles
pussent marcher sans ces lois.

Il n'est d'autre bien public que celui

qui est obtenu par le moins possible de sacrifices individuels. Ainsi les lois criminelles doivent atteindre, mais non chercher des coupables. Ainsi pour que ces lois, ennemies de plusieurs, ne soient pas contraires à tous; pour qu'elles soient respectées malgré la sévérité des moyens et le malheur des résultats, il faut qu'on n'en puisse contester la justice dans le principe, ni l'équité dans l'administration.

La justice dans le principe de ces lois n'est point notre objet : nous ne traitons point de la confection de la loi; mais il existe des rapports très-sensibles entre la nature des règles à suivre dans l'exercice du pouvoir judiciaire, et la nature des bases fondamentales de la constitution des Etats.

Il y aura contravention, erreur, iniquité, abus de pouvoir, si le juge oublie que rien d'arbitraire ne lui est accordé; que la loi ne lui a pas donné le pouvoir de dépasser la loi; que ce serait en quelque sorte, ou plutôt que ce serait réellement porter une loi nouvelle, et qu'il est contradictoire que le juge soit législateur, que le pouvoir judiciaire ne soit pas essentiellement distinct du pouvoir souverain : s'il oublie qu'il ne peut s'attribuer aucun autre moyen d'exécution que les moyens accordés par la loi, comme essentiellement liés à ses fonctions ; qu'en chercher d'autres, ce serait confondre le pouvoir exécutif avec les attributions de la magistrature ; que ce serait ouvrir la voie aux abus les plus funestes de cette anarchie sourde qui, sans renverser promptement les États, en consume toute la prospérité, et qui, sans attaquer visiblement le corps politique, menace tous ses membres d'en faire dans l'ombre autant de victimes.

Il serait trop facile de ramener à notre objet de grandes considérations dont les divisions de ce même objet ne seraient effectivement que les consé-

quences, de s'arrêter long-temps à des
principes dont le développement pro-
duirait bien des vérités bonnes à dire
ou à rappeler, et de faire, sans lon-
gueurs même peut-être, plusieurs volu-
mes sur une matière si féconde. Mais
il suffira d'avoir indiqué cette équité
mathématique, en quelque sorte, qu'il
faut suivre, et quelle exacte justesse
il faut connaître, quand on est chargé
de rédiger les lois qui doivent décider
de la vie et de l'honneur des hommes
pendant plusieurs générations.

Si c'est le devoir du législateur de
suivre ces lois primitives, serait-il permis au magistrat de s'en écarter, lui
qui doit céder aux mêmes conséquences
directes de la nature des choses, et qui
doit de plus obéir à l'esprit du législateur, dont il est le ministre ?

Pressons notre marche. Dans un siècle avancé la classe instruite substitue
facilement les idées intermédiaires.

L'HOMME doit être conçu comme étant libre primitivement. L'établissement du corps social, l'existence des pouvoirs, ne sont point contraires à cette vérité. Le système même des monarchies modérées n'est qu'une modification de la liberté de l'homme. Il a choisi comment il voulait être libre.

Si l'homme est libre, il ne peut être jugé que par lui-même.

Chaque homme en particulier sera toujours suspecté comme individu, comme membre distinct du corps dont il abandonnera l'esprit dans son isolement, et auquel il préférera les insinuations de l'intérêt personnel. Ainsi le plus juste des hommes ne peut être jugé effectivement par lui-même sur un fait actuel, dans une circonstance qui le concerne. Comment ce droit contraire à la sûreté publique, ce droit inconciliable avec l'organisation sociale, pourrait-il être laissé au prévenu, à l'homme accusé d'avoir agi contre la société?

Mais comme l'homme est libre en obéissant à l'autorité qu'il reconnaît; il est libre encore au moment qu'il est envoyé à la mort par les juges qu'il avoue, par la loi qu'il a consentie.

Il est aussi impossible qu'il abandonne le jugement de sa cause à des hommes investis des attributions de juges, et qui décideraient arbitrairement, qu'il est impossible que ce jugement lui soit abandonné à lui-même. Tout le corps social s'élèverait contre cette dernière absurdité. Toute la dignité, tous les droits, toute l'énergie de l'homme, toutes les lois de sa nature s'élèvent contre la première.

Ainsi, dans l'impossibilité d'admettre que l'homme fût jugé par lui-même, et par conséquent selon ses propres passions, ou qu'il fût jugé par d'autres hommes, et dès-lors par les passions de ceux-ci, l'on avait distingué la volonté constante, et en quelque sorte entière d'un homme, d'avec sa volonté accidentelle ; sa volonté libre et droite d'avec sa volonté égarée et passionnée. Il n'était pas jugé par les magistrats, mais par la loi ; il n'était pas assujetti à une décision unique, personnelle, variable, mais à la loi fixe, impartiale et commune à tous.

Ainsi le condamné même resta libre ; et il fut vrai de dire qu'il était jugé par lui-même, avec pourtant quelque restriction inévitable dans le mode social, mais qui, en altérant cette vérité dans son acception rigoureuse, ne la détruisait certainement pas.

La société s'avance rapidement. Les pas du temps ouvrent de larges voies aux combinaisons de tous les genres d'industrie, de toutes les spéculations du commerce, de toutes les oppositions des intérêts. Alors chaque incident de

la vie d'un homme est différent des incidens analogues dans la vie des autres
hommes ; et la plupart , perpétuellement incités par les intérêts nouveaux
d'une situation toujours mobile , n'ont
pas deux fois la même volonté : il est
rare que l'on reconnaisse dans diverses
époques de leur conduite , l'empreinte
d'un même caractère. Un délit n'est
plus la répétition d'autres délits conformes de tous temps , et facilement pré-
vus par le législateur ; mais un événement nouveau par les circonstances accessoires , et dans les rapports indi-
rects ou les motifs éloignés. Il est difficile que parmi nous deux faits se res-
semblent jamais parfaitement. Compo-
sés pour ainsi dire de tant de causes ,
de tant d'intentions , de tant de résultats , ils peuvent être considérés comme
des produits imprévus et neufs de l'oc-
currence des choses. Dans la vérité
d'un examen profond , ils ne paraîtront
pas plus semblables , que dans l'exac-

titude d'une analyse scrupuleuse, on
ne trouvera semblables deux coquillages
de la même espèce, deux feuilles de
la même plante. Chacun de ces produits est un cas à part, et demanderait
une loi particulière. Les événemens,
comme les êtres, sont tous isolés dans
la nature : il n'y a point de genres;
l'homme seul a classé ce qu'il a voulu
observer. Il divise et réunit dans diverses cases, les matériaux de ses collec-
tions ; il partage en divers genres les
espèces contemporaines de son existence ; et, de même, il rapproche les
œuvres de la vie dans les chapitres
d'une nomenclature tout aussi trompeuse.

Il fallait bien, il est vrai, qu'il s'en-
tendît, et que dans l'impuissance de
discerner les individus, il se contentât
d'indiquer les espèces. L'imagination
fatiguée de ne pouvoir être juste, ne
repose jamais mieux que dans le vague :
elle rêve quelque certitude dans cette

métaphysique des similitudes abstrai-
tes; elle partage et coupe arbitrairement tous les chaînons des rapports et
de la divergence des êtres, avec quelques lignes d'une géométrie puérile :
ainsi des cercles imaginaires divisèrent
l'espace universel en zônes célestes, pour
remplacer par des notions à la portée
des écoliers , ces notions vastes que
ne pouvait recevoir leur intelligence
plus faible encore que la faiblesse de
l'homme.

En vain l'on multiplie les cases : toutes les divisions du livre des lois sont
insuffisantes. La sagesse la plus con-
sommée , mais qui n'est toujours que
notre sagesse , voulait tout prévoir :
le hasard alla bien plus loin. Avec des
élémens en petit nombre , il produisit
des chances innombrables ; et des combinaisons infinies offrirent au plus simple des hommes l'occasion de plusieurs
fautes ou de plusieurs crimes que l'E-
thique de vingt siècles n'avait pas pu ,

et peut-être n'avait pas dû prévoir.

Il n'était pas possible de s'en tenir au texte de la loi devenu insuffisant; il n'était pas praticable de juger arbitrairement. Comment juger?

Dans cet état des choses, cessera-t-on de déguiser les imperfections de l'ordre social? L'homme qui sait en tout courir au but, et se dispenser de l'atteindre; l'homme si bien habitué à méconnaître les remèdes, et à consacrer les palliatifs; l'homme si bien exercé dans l'art de paraître faire ce qu'il veut, et de se le persuader à lui-même, ne saura-t-il plus trancher ce qu'il ne peut dénouer, éluder ce qu'il ne peut soumettre?

Au contraire: cette difficulté, si capable de l'étonner, est vaincue; et, pour la première fois, je pense, en cherchant dans un embarras profond des moyens hasardés, il en rencontre un simple. Son génie, désespérant peut-être des calculs de la raison, voulut imaginer un remède sublime; il arriva qu'il en prit un bon, que le jugement des peuplades grossières peut trouver naturel, mais que la raison expérimentée d'un peuple florissant oublierait de maintenir.

Le Jury existe chez plusieurs peuples puissans : voilà assurément le plus grand phénomène des annales modernes.

La révolution française, mémorable en tout, et terrible dans ses écarts, comme elle fut hardie dans ses desseins, laissa, pour couvrir tant de traces malheureuses, la sublime institution qu'on propose d'abolir.

Ce n'est pas ici le lieu d'examiner, pourquoi le Jury établi dans de grands Etats, maintenu, subsistant enfin, et subsistant avec les avantages qu'on s'en promettait, déplaît à des hommes que la routine dirige opiniâtrément. L'histoire d'un jour est leur grand argument. L'histoire des siècles les confond; mais ils n'ont pas entendu parler de cela. Qu'ils reposent !

La loi que l'homme, aujourd'hui criminel, avait reconnue lorsqu'il ne l'était pas, doit être considérée comme sa volonté constante: c'est un principe reçu. Il est libre, lorsqu'il est condamné par cette loi.

Le jugement que portent sur cet homme, d'autres hommes semblables à lui, membres de la même cité, placés dans les mêmes circonstances générales, et ne différant de lui que par la circonstance particulière sur laquelle ils vont prononcer, doit être regardé comme le jugement qu'il eût porté lui-même sur tout autre que sur sa propre personne. Il semble que ses juges soient lui, abstraction faite de la circonstance actuelle: on ne pouvait trouver rien qui fût plus près de lui. Et quand il peut récuser chacun de ces juges, et les faire remplacer par d'autres qui lui soient aussi favorables dans le principe, et qui ne lui

soient point suspects en particulier ,
il jouit d'une garantie aussi positive
que si une loi antérieure prononçait expressément sur son sort.

Il n'existe point de loi, peut-être,
qui lui soit exactement applicable, avant
que l'on ait pesé les probabilités relatives
soit à l'intention , soit à l'action même.
Dans cette espèce de silence de la loi , à
qui l'estimation de ces probabilités peut-
elle être justement confiée ? à l'accusé
lui-même, c'est-à-dire à ses pairs. Le
fait, une fois établi, rentre dans les cas pré-
vus positivement. Alors la loi se trouve
avoir prononcé ; et nul homme étranger
à l'accusé n'a rien mis là d'arbitraire.

Dans les temps où l'on était doué de
la faculté de tout croire, on a pu penser
que l'homme le plus âgé , le plus près
de quitter les passions de la vie, serait
toujours sans passions ; que l'homme le
plus sage serait toujours juste ; que
l'homme juste serait infaillible ; que
l'homme choisi pour être le plus puis-

sant, serait toujours le plus sage ; que
le chef d'un Etat serait un être pri-
vilégié, exempt d'erreurs, de faiblesse,
d'impatience, de précipitation, de mouvemens despotiques ; que le droit de
juger faisait partie du pouvoir de gouverner. On a cru même, et c'était hors
de Bedlam, que le même homme pouvait faire des lois, les appliquer, en diriger l'exécution. Muley-Ismaël faisait
mieux ; lui-même les exécutait après
dîner. Quel homme ! et comme la politique était simple dans ses Etats !

Je n'affirme pas que nous soyons plus
parfaits que les peuples qui crurent tout
cela. Mais les temps sont avancés ; et
nous croyons maintenant qu'il n'existe
que deux manières d'être jugés :

Ou par ses pairs acceptés pour représentans dans le cas présent (d) ;

Ou par la loi reconnue antérieurement pour loi dans les cas possibles.

L'accusé sera représenté par ses pairs,
afin que le jugement qu'ils porteront

sur lui soit censé être le jugement même de l'accusé, le jugement que lui-même il porterait sur lui-même;

Ou bien il sera jugé par des juges subordonnés, pour leur conviction, à des règles fixes, invariables; par des juges responsables envers la loi, qui, comme la force des choses, reste incorruptible, et ne peut être ni séduite ni passionnée.

S'il était vrai que la dépravation humaine fût toujours croissante, et que les générations issues d'une race corrompue naquissent toujours plus avilies; si l'espèce humaine en se renouvelant sans cesse ne se régénérait point; si chaque descendant perdait quelque chose de la loyauté de ses ancêtres, et ne portait point, rajeunis en lui, les nobles ressorts de leur magnanimité; si la mâle équité n'avait été donnée qu'à nos pères, nous aurions connu trop tard cette grande institution du Jury; ce serait un hommage suranné rendu à des vertus éteintes, aux res-

infirmes de cette espèce dont la moralité devait être la providence du globe.

Mânes à jamais vénérables des Hermès (*e*), des Moïse, des Lycurgue, des Odin, abandonnez la terre où vous aviez créé des nations ! ne regardez plus les fils des hommes antiques ! Que votre génie, dédaignant des générations affaiblies, perde enfin le souvenir de cette race qui n'est plus la race à laquelle vous appartîntes ! Achevez de mourir : il ne reste plus rien de vous ; le génie est suranné. Devenez froids comme la poussière des monumens où furent vos cendres ! Sur une terre aveugle et sauvage, vous aviez fait des peuples ; et nous, sur la terre éclairée, nous calculons des troupeaux d'hommes ! Quelquefois nos romans parlent de vos mâles conceptions ; mais le livre de nos lois ne succède qu'aux règles Francisque et Benedictine. Et quand une seule institution majestueuse, quand une seule institution humaine vient à paraître dans nos capitales, où cependant les écoliers redisent vos noms, mais où les hommes aussi ne savent de vous que votre renommée, notre imbécille indifférence la néglige ou l'accuse; et le grand argument c'est que nous n'avons pas d'esprit public! Mais j'évoquerai de vos tombes séculaires une dernière voix : Dites si le moindre des soldats d'Odin, si la plus faible des femmes de Sparte, ignorèrent jamais que c'est aux institutions à susciter les volontés populaires; que jamais la matière ne demanda à l'ouvrier de lui donner une forme, mais que l'artiste dit à ses matériaux : Voici ce que vous serez.

Jamais la beauté, l'espèce de nécessité même de l'institution du Jury, ne fut mise en question chez ceux des peuples de la récente antiquité qui laissèrent une trace durable, et dont l'autorité est devenue, en quelque sorte, la règle des nations instruites. Aujour-

d'hui même elle est admise ou consa-
crée chez ces trois peuples, les seuls
que la postérité puisse placer au même
rang qu'Athènes et Rome (*f*).

Voudrions-nous déjà commencer à
quitter ce haut rang ? Le moment serait-il venu pour nous ? Quand on a
su réunir heureusement aux constitu-
tions favorables pour la force active de
l'État, celles qui le nourrissent de cette
force intérieure sans laquelle la puissance au-dehors ne serait qu'un éclat
momentané, si différent de la grandeur
imposante où la France s'élève ; quand
on a tout fait pour sa véritable prospérité, voudrait-on détruire par un acte
inutile, dont il serait difficile de trouver
le prétexte même dans une politique
étroite, et qu'une politique généreuse
et grande ne conseillera pas ; voudrait-on
détruire cette liberté paisible, cette sûreté suffisante, cette sécurité individuelle, où le peuple fatigué repose ses
espérances trompeuses, préférant main-

tenant cette douce image de ses songes, aux troubles où ces mêmes songes
l'avaient jeté ?

Mais quelles difficultés (g) oppose-
t-on contre le maintien si simple d'une
chose établie ici, et que la monarchie
anglaise a toujours maintenue ? L'institution du Jury favorisa les excès de la
révolution. Les jurés envoyèrent à la
mort les plus irréprochables ou les plus
vertueux des hommes (*). Cela est vrai.
Donc les jurés sont injustes, donc le
Jury est funeste ; conséquence absurde.
Les jurés ont-ils mérité les mêmes reproches en Angleterre ? Le Jury y est-
il funeste ? ou les hommes y sont-ils
d'une autre nature que nous ? Non ;
mais les circonstances sont différentes,
et c'est ce qu'il fallait voir. Combien
de fois on a disserté long-temps et
savamment sur d'autres objets assez
simples, sans appercevoir une vérité

(*) Voyez, page 76, à la fin de la Note.

qui renversait tous ces beaux raison-
nemens! C'est qu'on ne la cherchait
pas ; on se dirigeait d'un autre côté :
on ne discutait qu'une face des choses.
Le grand faible de l'esprit humain , ce
n'est pas de ne point voir assez fine-
ment, ou assez profondément ce qu'il
s'attache à pénétrer, mais de s'arrêter
à un seul côté de ce qu'il considère. Il
s'échauffe par la discussion ; il va loin
dans cette direction, parce qu'on lui oppose des difficultés. Il néglige , il oublie, il ignore même toutes les autres
faces de ces objets observés si soigneusement , et qui lui restent ainsi en
grande partie inconnus.

Le Jury fit beaucoup de mal en France :
cela devait être. Il n'en fait aucun en
Angleterre : cela doit être encore. La
France était dans un état de révolution ;
l'Angleterre n'y est pas. Le Jury ne fera
aucun mal en France désormais ; il fera
demain de très-grands maux en Angleterre , si des divisions intestines y susci-

tent des passions opposées et puissantes :
en sorte que le Jury exista en France précisément quand il y était désastreux, et
qu'il serait supprimé précisément quand
il ne peut plus être que salutaire : il serait supprimé quand les dangers ne sont
plus, quand le bien commence. Si l'Angleterre entrait en révolution, elle devrait suspendre le Jury. Mais qu'on l'a-
bolisse parmi nous, quand on dit, quand
on proclame cette vérité, que la révolution est finie ; c'est ce qui ajouterait une
absurdité manifeste à la liste immense
des inconséquences politiques et des
fautes humaines.

La différence des effets du Jury dans
un état de calme et dans un état de
crise publique, n'est point une distinction subtile ; c'est une opposition
totale, évidente, et dont l'examen
le plus rapide obtient aussitôt la
démonstration : démonstration parfaitement confirmée d'ailleurs par le fait,

si l'on compare le Jury dans l'Angleterre en paix, à ce que fut le Jury dans
la France agitée.

On établirait sans peine qu'il n'est
point d'institution plus heureuse dans
un pays bien gouverné. Mais ce qui est
plus incontestable encore, c'est qu'il
n'est point, dans un temps d'anarchie,
de voie plus féconde d'iniquité, de
moyen plus terrible d'exciter et d'as-
souvir toutes les haines, de démoraliser
la population entière.

Dans ces temps de crise, tout est
force et passion : la justice, l'ordre, sont
comptés pour rien. Le Jury ne juge
pas ; il frappe, il immole : il est ami ou
bourreau ; il n'est pas magistrat. Toujours choisi dans le parti triomphant,
il forme une commission nommée pour
continuer le triomphe de son parti,
pour expédier juridiquement des adver-
saires soupçonnés, pour acquitter les
coupables, les scélérats même qui l'ont
servi. Le lendemain, ce parti qu'on

avait abaissé, se relève plus furieux; il nomme des jurés, et ceux-ci condamnent ceux que les autres avaient justifiés.

Que fallait-il donc dans ces temps d'orage ? Quelle institution peut être bonne, quand toutes les institutions sont détruites, ou du moins ébranlées ? Quel ordre pouvait on suivre, quand c'était de la nature des choses d'alors qu'il n'y eût point d'ordre, et que la France tombât dans ce malheur sans retour, de n'en point rencontrer en voulant en chercher un nouveau ?

Enfin, que pouvait-on avoir qui fût alors le moins mauvais possible ? Des tribunaux sévères, et des *preuves légales*: des magistrats enchaînés en quelque sorte par la loi, et par la considération de leur propre sûreté, qui eussent toujours en perspective cette responsabilité terrible, qui eussent des comptes à rendre, qui pussent être pris à partie, qu'un autre triomphe pût perdre s'il devenait prouvé que leur jugement eût favorisé les vainqueurs. C'est la seule garantie que l'on puisse obtenir lors d'une révolution, comme le Jury est la plus belle dont on puisse jouir dans cet état de repos, où la grandeur d'un gouvernement reçoit tant d'éclat de la beauté des institutions qui prospèrent sous l'appui des forces tutélaires.

La révolution est finie. Ce seul mot maintient le Jury. Si la révolution est finie, les maux, les excès ne sont plus ; les passions sont calmées, les fureurs sont éteintes ; le calme est par-tout : il y est en effet. La justice a repris toute son autorité ; le Jury n'est plus dangereux. Si la révolution est finie, si nos excès sont finis, le Jury sera utile comme en Angleterre. Si la révolution est finie, maintenez un heureux accord de la prospérité de l'Etat et de son bonheur intérieur. Si des espérances gigantesques sont réduites à des améliorations suffisantes, maintenez-les. Si nous sommes redevenus tranquilles, laissez-nous ces institutions de paix. Si nous sommes libres sous un Chef généreux, laissez-nous cette liberté qui n'altère pas le pouvoir, et qui suffit aux peuples pour leur faire oublier des prétentions moins pacifiques.

DES TRIBUNAUX D'EXCEPTION.

EN France, en Angleterre, etc., la *culpabilité* de l'accusé est reconnue par le Jury. Voilà l'organisation judiciaire. Dès-lors, ce ne peut être que dans des cas particuliers et réputés extrêmes, que des magistrats permanens décident de cette culpabilité. Ces magistrats, de quelque manière qu'ils soient qualifiés, formeront toujours un Tribunal d'Exception.

Des Cours Spéciales qui seraient établies, même par un acte constitutionnel, seraient encore comprises dans cette classe, puisque ce serait toujours des tribunaux particuliers, faisant exception et sortant de l'ordre général.

Puisqu'une exception est toujours motivée par des raisons différentes de celles de la règle générale, elle doit suivre aussi des lois différentes. Ce serait une contradiction, que ce qui est fondé sur d'autres principes suivît les mêmes conséquences.

Le Jury décide, pour ainsi dire, arbitrairement de la culpabilité de l'accusé; mais c'est, et parce qu'il n'est point chargé de l'application de la loi, et parce que la nature même du Jury offre la garantie la plus convaincante à ce même accusé.

S'il existait des magistrats qui, sans être assujettis à des règles fixes, à un mode déterminé, fussent à-la-fois les appréciateurs des preuves et les applicateurs de la peine, ils seraient indépendans de la législation. Ce serait dans l'État une seconde autorité souveraine, exercée irrégulièrement, et dans ses attributions les plus dangereuses.

Si les tribunaux d'exception peuvent décider d'après une conviction mentale; si, malgré qu'ils soient formellement distingués des Jurys, ils veulent juger comme les Jurys auxquels ils sont ex-

ception, ce sera donc une nécessité d'ôter de nos codes ces formes consolatrices, ce pourvoi en requête civile qui, par-tout et constamment établi, serait pourtant absurde et évidemment contradictoire, si les juges prononçaient d'après leur conscience. Comment les prendre à partie? Comment appeler d'un jugement qu'on prétendrait faux, ou même d'un déni de justice, quand le juge n'est assujetti à d'autre règle que les mouvemens de la conscience? Ces mouvemens invisibles restent secrets, même pour celui qui les éprouve; la marche ne saurait en être expliquée, on n'en peut démontrer l'enchaînement; et les résultats d'ailleurs en étant parfaitement libres, ne peuvent jamais être interpellés.

Que l'on ne dise pas que les Cours Spéciales étant établies pour juger des coupables qu'il importe plus particulièrement à l'ordre public de réprimer ou de punir, il faut qu'elles soient sévères autant qu'équitables, j'allais dire plus encore qu'équitables : qu'on ne dise pas qu'elles seront terribles aux perturbateurs de l'ordre public, quand elles réuniront les attributions des Jurés aux fonctions des Magistrats. Il y aurait trop de choses à répondre ; il en est qu'il n'appartient pas à tous de dire, quoiqu'elles ne soient point de nature à être blâmées par personne : elles paraîtraient s'écarter inutilement de l'objet qu'on se propose ; elles ne doivent être avancées que sous l'autorité d'un grand nom, ou d'un ministère respecté. Loin de nous des apparences bien contraires à nos intentions, et la prétention d'examiner indiscrètement ce que nous ne connaissons que sous les rapports les plus respectables !

On citera seulement une observation qui se trouve parfaitement d'accord avec ce que la théorie ferait conjecturer ; et cette observation c'est celle d'un Magistrat, membre de la Cour

Spéciale de Paris, M. B***, dont l'autorité ne peut être suspecte en aucun
sens.

Pendant le cours de deux années, depuis la réorganisation du Jury, le nombre des prévenus acquittés par la Cour
Spéciale fut proportionnellement supérieur au nombre acquitté par le Jury.

Il est donc impossible de reprocher
trop de sévérité à la Cour Spéciale. Ce
n'est donc pas plus d'indulgence, plus
de facilités, moins de rigueur qu'on
demande, lorsqu'on desire qu'un tribunal permanent qui se trouve investi
comme extraordinairement des fonctions de Jury, ne les exerce point pleinement, puisqu'il n'est ni ne peut être
le Jury.

S'il était reconnu en général que les
Cours Spéciales condamnent moins d'accusés que les Jurys, on en conclurait
vraisemblablement en faveur de cette
sorte d'institution, que ces tribunaux,
qui semblent offrir plus de garantie à

l'administration publique qu'aux individus formant la société, sont loin pourtant de céder à une influence irrégulière
de la part du Gouvernement.

Mais si l'on avait des objections à
faire contre la nature de ces tribunaux,
ce n'est pas à ce danger que l'on
s'arrêterait. Sans doute il pourrait exister sous un gouvernement inique et
corrupteur; mais ce serait dans des
cas très-rares. De grands intérêts, des
intérêts politiques pourraient seuls dé-
terminer un gouvernement à séduire,
à acheter, à menacer une Cour déjà
reconnue pour être inique et corrupti-
ble. Dans le cours ordinaire des affaires,
l'accusé seul fera des sacrifices pour
échapper, soit au malheur d'être condamné quoiqu'innocent, soit au danger
d'être puni.

C'est un mal sans doute que les membres qui doivent former le Jury dans
telle affaire, soient connus du prévenu
plusieurs jours auparavant. L'inconvé-

nient est plus sensible dans un tribunal permanent. Les moyens d'arriver à chaque membre du Jury pour le séduire sont nouveaux ; il faut les trouver ; peu de jours suffiront difficilement peut-être. Mais ce qui entoure un magistrat à vie est permanent comme lui ; les procédés peuvent être connus et constans.

Il est évident que des tribunaux permanens qui jugeraient d'après une conviction presque arbitraire, et indépendamment de preuves exigées par une loi précise, seraient des foyers perpétuels de corruption; ils seraient du moins une occasion de tentatives, toujours funestes à la moralité publique, si même elles se font chez un peuple assez heureux pour qu'elles soient toujours infructueuses.

Quelques années d'incorruptibilité, la réputation intacte d'un ou de plusieurs tribunaux, ne rassureront pas sur un danger si grand, et tellement pos-

sible, qu'on est obligé de le croire toujours vraisemblable, et de le regarder
comme prochain.

L'accusé ne pouvant plus trouver de
sûreté dans le genre de magistrature
qui examine sa culpabilité, doit la trouver dans les moyens de conviction qui
seront exigés de ses juges. Puisqu'il ne
peut plus dire : L'homme qui me juge
est moi ; il faut qu'il puisse dire : La
manière dont on me juge est la mienne.

Qu'il soit jugé, ou par ses pairs qu'il
accepte pour juges dans le cas présent,
ou par des juges qui prennent dans le
texte même des lois les élémens de
leur conviction, et qui soient comp-
tables de cette régularité.

Quand une victime de ces indices
malheureux que nul peut-être ne peut
s'assurer d'éloigner toujours de lui ;
quand cet infortuné, après les malheurs de la détention, paraît devant
un tribunal qu'il croit déjà voir trompé
par ces probabilités défavorables, qui

va prononcer plutôt souverainement
que judiciairement, et qu'il croit habitué à disposer de la vie ou de la liberté
des hommes, il lui dit dans sa pensée inquiète, dans son ame blessée et
mécontente.

Vous allez me juger. Mon honneur,
ma liberté, ma vie, mon existence
toute entière est dans vos mains. Si
vous n'êtes pas équitables, tout mon
être dépend de vos fantaisies ou de
votre précipitation. Si vous cherchez
à être justes, tout dépend encore d'un
calcul douteux, et dont les incertitudes
ont fait aller avant moi tant d'innocens
à la mort.

Vous allez me juger. Cependant vous
m'êtes étrangers. Mes intérêts ne sont
attachés aux vôtres que par ce lien
général et trop éloigné qui réunit tous
les membres de l'Etat. Je puis prétendre que ce lien, trop étendu, est trop
relâché : je n'aime point à m'appuyer
sur ce frêle tissu. Peut-être même

me considérez-vous déjà comme n'appartenant plus à ce grand corps qui veut n'admettre que des membres purs. Peut-être , dans la sécurité où vous vivez défendus contre toute approche du soupçon par l'enceinte du temple de l'honneur où sont introduites les classes privilégiées ; peut-être regardez-vous comme une sorte de barrière réelle cette différence de destinée, qui me confond dans une infériorité trop légèrement suspecte ; qui expose l'innocence même à tant de hasards dangereux ; qui fait également précéder la justification ou la condamnation par les fers et par l'opprobre.

Vous allez me juger : mais dois-je voir dans l'arrêt que vous prononcerez , la décision arbitraire d'un maître qui me forcera de revenir à sa volonté , ou la règle du juste qui me ramènera, qui me punira si je m'en suis écarté ? Juger, n'est-ce pas prononcer sur les droits , *jus ?* Et quel droit puis-je reconnaître , quel droit puis-je invoquer, si des juges qui me sont étrangers, qui ne sont pas à moi, que je puis croire contre moi; si des juges qui semblent appartenir aux plus puissans de mes accusateurs, je veux dire dont les pouvoirs émanent des mêmes sources que le ministère public; si des magistrats permanens enfin se déterminent par des moyens vagues et laissés à leur disposition; si n'étant pas les hommes choisis par les justiciables, ils prononcent indépendamment de lois formelles que les justiciables aient consenties? Ma garantie n'est pas dans le choix des hommes qui m'appliquent la loi: qu'elle soit du moins dans les formes qu'ils suivront; alors ma raison pourra être convaincue, et je reconnaîtrai que c'est par l'équité même que mes intérêts sont sacrifiés. Autrement je n'apperçois que des forces, et des forces peut-être ennemies; et je demande s'il doit exister des forces judiciaires. De tout temps on fit de la Justice une déité prudente, exacte, scrupuleuse ; non pas un génie inconsidéré, tranchant, absolu. De tout temps on ne reconnut pour véritable magistrat que celui qui se dit : J'entrerai au tribunal, non en ennemi, non en furieux, mais avec un extérieur doux et tranquille : je prononcerai avec solennité, sans passion, sans colère (*).

Vous n'êtes point un Jury. Votre arrêt ne dépend point de l'estimation des probabilités, et ne pourrait être le résultat de simples présomptions, quelle qu'en fût la force. Je respecte vos opi-

___

(*) *Procedam in tribunal non furens, non infestus, sed vultu leni ; et illa solemnia verba severa magis gravique quàm rabida voce concipiam.*

SÉNEQUE, *de Irâ.*

« Le devoir du juge, dit éloquemment l'avocat général Séguier, est de travailler pour l'innocence, *pro accusati laborare innocentiâ.* La gravité des juges, l'appareil du tribunal, n'ont rien qui épouvante les innocens ; les magistrats eux-mêmes les enhardissent à se justifier ;

nions quand je vous considère comme hommes ; mais je ne connais point l'autorité de votre conviction.

Je ne récuserais point celle d'un Jury. Les décisions d'un Jury sont le résultat d'une lumière naturelle , l'application positive d'une loi écrite. Sans doute les législateurs, dans cette haute institution , voulurent rendre hommage à la vertu de l'homme. L'opinion du Jury est une opinion respectable, une opinion sacrée; et si l'on conçoit que le Jury puisse condamner sans preuves suffisantes, comme il peut absoudre sans que l'innocence existe réellement, la sûreté de l'accusé reste néanmoins

---

ils aident leur mémoire chancelante par des questions qui les mettent à portée de se rappeler les faits ; ils les rassurent ; *ils ne cherchent point de coupables.* »

Pro accusati laborare innocentiâ. Paroles simples et sublimes , qu'on aimerait à vous voir gravées dans les temples de la Justice!

garantie, en ce qu'il est jugé par ses pairs. Il leur est donné de peser les probabilités; et la conscience est leur seule règle dans la latitude indéfinie de la pensée.

Mais ici je suis devant une Cour souveraine. Vous êtes *juges :* tout est de rigueur. Vous ne chercherez point une conviction personnelle; vous voudrez rester dans les bornes de cette conviction prescrite, déterminée, que la loi a choisie, qui contraint tous les hommes, et qui seule peut être légitime, lors même qu'elle me condamne quoique innocent, ou me justifie quoique coupable. Fussiez-vous absolument persuadés de mon crime, si la preuve exigée par la loi ne peut être produite contre moi, vous m'acquittez (*). Et

____

(*) « Comme la justice criminelle a pour fin la punition des crimes, et que cette punition tend ordinairement à priver les hommes de ce qu'ils ont de plus cher, c'est-à-dire, de la vie,

c'est par une conséquence des mêmes
principes, tantôt favorables, tantôt funestes, comme le sont toutes choses
dans l'incertitude humaine, que si la
preuve fixe existe contre moi, je vais
à la mort malgré mes vaines protesta-
tions d'innocence.

---

de la liberté ou de l'honneur, c'est avec beaucoup de raison que les moyens nécessaires
pour parvenir à cette condamnation ont été
assujettis à des régles et à des formalités aux-
quelles tous les juges, et même les cours souveraines, doivent nécessairement se conformer.
Ces règles ne sont point arbitraires; elles sont
de tous les temps, et elles ont toujours été en
usage chez les nations policées : l'on ne peut
s'en écarter sans violer les devoirs les plus essentiels de la justice. Il ne suffit pas, en effet,
qu'un accusé soit criminel; il faut encore que
la condamnation soit établie sur des règles, et
en suivant un certain ordre; il faut une preuve
et des témoins. »

JOUSSE.

Vous pardonnerez, Messieurs, à ce
mouvement qui m'entraîne, qui semble
devancer les conclusions, qui semble-
rait anticiper sur l'arrêt même que
vous prononcerez, et indiquer l'application de la loi dont vous seuls êtes les
organes. C'est mon respect pour le caractère auguste de la Cour; c'est ma
confiance dans ses vraies lumières; c'est
précisément ce caractère solennel de
juges qui change mes moyens de défense, qui, en les rendant plus simples,
leur donne une extension plus grande,
qui, dans ma propre cause, me permettra de chercher bien plus dans l'exposé des faits et l'examen des charges,
si je puis être condamné, que si je suis
ou ne suis pas coupable.

J'admets un moment que cette dernière question pût rester incertaine; je
le veux même: mais le fût-elle en effet;
fussé-je même coupable, existât-il
contre moi une certitude morale, elle
ne suffit pas: ce n'est point une certi-

tude légale. Elle suffit pour l'homme qui cherche à fixer une pensée; elle ne suffit pas devant la loi qui a parlé. Poussons même la supposition jusqu'à prétendre qu'un Jury sage me dût condamner : si je n'ai pas contre moi les preuves exigées par la loi, je serai acquitté; je le serai par vous, Messieurs, qui êtes comme la loi, sourds et impassibles; qui, comme elle, ne voyez point l'incident présent, cette accusation particulière qui n'était pas hier, et demain sera oubliée; mais la règle en général, mais son application perpétuelle a cela seulement qui pourra y être adapté avec justesse ?

L'institution des lois écrites eut-elle jamais un autre but, une autre fin principale, que d'empêcher que l'homme individuel fût condamné, toutes les fois qu'il ne serait pas exactement le personnage prévu, le personnage condamné de tout temps par la loi ?

Cette loi, protectrice de l'infortuné

que des apparences accusent ; cette loi
d'une humanité sévère , et si belle dans
ses précautions scrupuleuses , me con-
damnera-t-elle ? Voilà ce qui doit décider mon sort. Vous en êtes les arbi-
tres ; mais vous ne pouvez l'être arbitrairement. Et mes réclamations , d'accord avec la nature des choses , servent
admirablement votre repos et votre délicatesse , en vous délivrant , le plus
possible , de cette effrayante responsabilité qui peserait sur vous dans le do-
maine illimité des probabilités et des
indices , et qui, vous exposant sans cesse
à des iniquités involontaires , attache-
rait à vos intentions les plus pures , ces
sollicitudes et cette tourmente qu'il faut
réserver aux juges prévaricateurs.

———————

~~~~~~

DE LA PREUVE LÉGALE.

TOUT jugement est fondé sur la conviction, puisque le jugement légal n'est que l'effet du jugement antérieur des hommes : et ce jugement antérieur n'a été fixé, arrêté, n'a produit la loi, que parce qu'il a produit la conviction. Mais la conviction d'un Juré et celle d'un juge sont de nature différente : l'une est prévue et contrainte par le législateur ; l'autre est libre et actuelle, c'est un acte immédiat de souveraineté.

Sans preuves légales, la procédure devient en grande partie inutile. Après l'interrogatoire, on pourrait décider. S'il n'y a point de preuves légales à discuter, les discours des avocats ne sont plus qu'un assemblage de phrases oiseuses : ou plutôt, peut-être, c'est alors qu'ils doivent parler, et, sans rien discuter, s'efforcer seulement d'émouvoir
~~~~~~

Le prévenu qui sera acquitté, sera celui dont le défenseur aura été le plus *pathétique.*

C'est dans les conséquences qu'il faut voir combien est palpable la nouveauté, l'absurdité du principe. La libre persuasion de la conscience ne laisse aucune trace de sa marche ; elle n'en peut rendre aucun compte. Equitable ou non, le jugement porté sera exécuté sans retour : le condamné périt ; tout est fini pour lui ; et le pourquoi ne sera jamais demandé, puisqu'il ne pourra jamais être dit. Si le jugement se trouve inique, si l'injustice en est un jour démontrée, l'affaire ne peut être revue, le malheureux ne peut être réhabilité, jamais son innocence ne sera reconnue. L'accusé, que de fausses apparences vont perdre, doit abandonner sa mémoire comme sa vie. Qu'il apprenne qu'il n'est plus de postérité pour lui ! En vain ses descendans demanderaient quel fut donc le crime de leur père ; on leur dirait : Nous avons décidé qu'il méritait la mort, mais nous-mêmes maintenant nous ignorons ce qu'il fit : le voile de l'oubli couvre nos erreurs. Nous laissons aux siècles plus voisins de la barbarie ces écritures, ces archives, vaste dépôt des vérités reconnues, dépôt précieux des vérités à découvrir, où les fils d'une victime des incertitudes humaines cherchaient les restes tardifs d'un honneur injustement flétri, où le magistrat soupçonné retrouvait sa justification, où le magistrat prévaricateur tremblait de placer lui-même le monument perpétuel de son crime, la source toujours ouverte de son opprobre.

Mais que disions-nous ? Ces archives existent : ces écritures se font et se conservent ; et les formes monstrueuses qu'on pourrait seules y substituer sont impossibles de nos jours. C'est d'après ces écritures que tout jugement des cours spéciales est porté. La distinction absolue entre les jurés et les juges n'est pas moins établie par le fait que par le droit, puisque dans les appels et les revisions des jugemens portés par des tribunaux d'exception, c'est d'après les pièces que l'on décide du bien ou du mal-jugé; on n'entend plus de témoins, ces pièces seules servent à réformer le jugement. Mais dans les jugemens par Jury, la procédure ne sert qu'aux juges pour la direction des débats; il est même interdit aux jurés d'en prendre aucune connaissance. La preuve légale, ou la présomption admise comme suffisante, comme preuve légale, est étrangère aux moyens de conviction des jurés. Pour eux toute information est orale, et là les preuves légales ne sont rien, parce que leur conviction est d'un ordre supérieur; c'est la preuve infaillible ou réputée telle. En effet, si la preuve légale suffit pour que l'accusé n'ait pas à se plaindre de ses juges et ne puisse les attaquer, la conviction du Jury satisfait le condamné, et lui fait reconnaître la justice du jugement qui le perd.

La conviction, par des moyens quelconques, suffit dans le Jury, parce qu'il est considéré comme étant l'accusé lui-même. Et l'homme qui se juge ne doit compte à qui que ce soit des raisons qui le décident à s'absoudre ou à se condamner dans sa conscience.

Mais quand un homme juge un autre homme, il est tellement responsable des moyens qui le déterminent, qu'il ne suffirait pas même qu'il en donnât d'universellement approuvés ; il faut encore que ces moyens de conviction soient approuvés par l'accusé. Or, comme l'accusé ne les approuverait pas au moment même, puisqu'alors le sentiment de ses intérêts présens, trop vivement excité, le porterait à les rejeter, il faut bien qu'il l'ait fait antérieurement. Qu'ils soient donc spécifiés par des lois reconnues de tous les membres de la Cité, et ainsi de celui même qui deviendra ensuite l'accusé !

Quel homme est-ce, en effet, qu'un juge, jugeant autrement que par l'application, que par la simple application des lois? C'est l'ennemi personnel du malheureux qui paraît devant lui; c'est l'ennemi puissant, tranquille, inabordable d'un homme sans défense, sans soutien, avili déjà et découragé : avec ces armes étrangement inégales, l'homme respecté insulte à l'homme flétri; c'est une attaque, une offense, une violence; ce n'est pas un jugement.

De plus, tous les pouvoirs seraient confondus. Le prétendu magistrat serait à-la-fois, législateur, puisqu'il rédigerait une loi; souverain, puisqu'il la reconnaîtrait; et juge, puisqu'il l'appliquerait à la personne (*). Il serait plus

---

(*) Que les juges de la terre se souviennent que leur devoir est de prononcer suivant la loi, et non de la faire ! *Meminisse debent judices esse sui muneris judicare, non jus dare.*

BACON.

que tout cela , puisqu'il serait un être
individuel qui dans la société , mais
indépendamment d'elle , déciderait du
sort des membres de cette même société
sans être comptable envers personne.
Sorte de dictature sans danger public ,
situation monstrueuse , telle qu'un
homme en peut obtenir par la force ,
mais qui ne peut être exercée paisible-
ment et à l'ombre des lois, que dans
l'oubli des notions les plus simples.

Où trouvera-t-on dans les annales de
la saine antiquité , des exemples d'un
pouvoir aussi étendu , attribué à un petit nombre d'hommes revêtus du caractère permanent de juges ?

Avant l'existence du Jury en France ,
les condamnés ou les débris de leurs
familles avaient la faculté de prendre
les juges mêmes à partie, l'espoir de
faire condamner les prévaricateurs. Ce
droit reste évidemment essentiel. Mais
comment accuser des juges indépendans
de la preuve légale ? Que répondre

orsqu'ils diront : Nous nous sommes
trompés sur les conséquences des indices
que nous examinions, mais nous étions
convaincus ; nous pouvons avoir erré,
mais nous avons bien jugé ? Pour que le
jugement puisse être revisé, il faut
nécessairement n'employer que des
moyens de conviction déterminés par
une loi précise. Ainsi la conséquence
des choses, comme les principes de ces
mêmes choses, tout est contre ces
moyens arbitraires de conviction, excepté lorsque c'est le Jury qui prononce
sur la culpabilité.

C'est parce que la loi avait laissé de
l'arbitraire dans l'estimation des moyens
qu'elle admettait comme preuves, que
des tribunaux qui condamnèrent d'après
la preuve légale, condamnèrent tant
d'innocens, parmi lesquels plusieurs
noms réhabilités par le fait, ou dans
l'opinion, sont devenus si célèbres. Ces
prétendues preuves légales, ces demi-
preuves, ces quarts de preuve, ce

calcul des indices, rentraient dans les moyens vagues d'une conviction arbitraire. Parce qu'on avait admis de mauvaises preuves légales, faudra-t-il supprimer la preuve légale, que tout rend nécessaire ? Parce que l'on était exposé à frapper l'innocence, que l'on doit protéger, faut-il remplacer ce mode, seulement imparfait, par un mode essentiellement vicieux ? Devons-nous substituer à une incertitude funeste une voie formelle et universellement ouverte d'erreurs plus difficiles à éviter, une corruption bien plus difficile à empêcher, et qu'il serait presque impossible de punir ?

Objecterez-vous qu'en réduisant les preuves légales aux plus évidentes seules, qui prouvent suffisamment sans doute, mais que les circonstances ne fourniraient pas toujours contre les vrais criminels, on s'ôterait les moyens de punir des délits réels, et même avérés, de réprimer plusieurs coupables. Mais si nous accordons ceci, l'on nous

accordera bien aussi, car c'en est une
conséquence assez simple, que le mode
contraire expose beaucoup d'innocens.
Entre deux maux, ou plutôt deux fata-
lités, celle de laisser échapper des hommes punissables, ou celle de sacrifier
des infortunés sans crime, est-il quelque principe qui puisse laisser hésiter,
quelque vue politique même qui puisse
établir une comparaison ?

Si le but de la société fut toujours de
procurer aux hommes une somme d'a-
vantages plus grande qu'ils ne l'eussent
trouvée dans l'état d'isolement sauvage,
le législateur doit avoir bien plus en
vue de protéger l'innocent que de punir
le coupable. Il suffit au corps de la société que les coupables en général soient
punis ; mais il importe aux membres de
la société que tous les innocens soient
protégés, qu'ils le soient sans aucune
exception s'il est possible.

Cette belle maxime n'est pas nouvelle : Qu'il vaut mieux laisser échapper

cent coupables que de sacrifier un innocent. Quand il y aurait, dit Brissot, cent à parier contre un qu'un homme est coupable, il ne doit pas être condamné, parce qu'un peut gagner contre cent.

Ce même Brissot que nous citons, il se montra, dira-t-on, contraire aux preuves légales ; il en attaqua le systéme qu'il prétendit erroné, il en démontra l'insuffisance.

Sans doute il blâmait une institution défectueuse, parce qu'il desirait y voir substituer une institution bonne. Il parlait pour l'établissement du Jury ; mais nous, nous en supposons la suppression, et, dans ce cas, on voit qu'il est nécessaire de conserver du moins ce dont on ne devait pas se contenter alors.

Homme juste ! homme austère ! sage Brissot ! vous défendriez maintenant ce que vous attaquiez alors (*) ; car vous

---

(*) Il serait plus vrai de dire que Brissot n'a pas attaqué la preuve légale ; car l'assertion

parleriez dans le même esprit, mais non avec des espérances semblables. Le bien public fut le rêve continuel de votre pensée ; vous pressentiez la grandeur des destinées d'une patrie que vous serviez : votre ame vertueuse et forte vou-

---

contraire énoncée d'une manière absolue, devient très fausse.

Brissot voulait que le juge n'eût besoin que de la conviction morale pour absoudre ; mais il voulait la preuve légale, et la preuve légale la plus complète, pour la condamnation.

« Sans doute, dit-il, paragraphe 3 du ch. *des preuves judiciaires*, si l'on accordait aux juges le pouvoir indéfini de condamner les accusés au gré de leur opinion ou de leur caprice, on verrait peut-être se renouveler ces scènes d'iniquité qui ont deshonoré tant de fois les tribunaux. A Dieu ne plaise que nous formions jamais un projet si funeste ! Libres de suivre leurs opinions quand il s'agit d'absoudre, les juges auront les mains liées par des entraves rigoureuses pour condamner. Dans ce dernier

lait que ce fût la majesté de ses institutions qui plaçât la France dans ce haut
degré de gloire. Quel publiciste a su
plus que vous que la perfection des lois
criminelles est la base fondamentale des
vraies prospérités d'un état ! Qui mieux

---

cas , la loi trace un petit nombre de principes *qu'ils devront suivre à la lettre*. S'en écar-
teront-ils , leur crime ne sera pas impuni. »

« Pour condamner un accusé à quelque peine
capitale ou flétrissante à jamais , il faut avoir
une preuve complète. La preuve complète
est le témoignage désintéressé , uniforme et
constant au moins de deux témoins non-sus-
pects. »

« Les juges ne pourront jamais diminuer ce
nombre ; mais ils devront l'augmenter dans
certains cas. »

Quelle serait la différence réelle entre une
Cour jugeant sans preuves légales, et le tribunal révolutionnaire que dirigeait Fouquier-
Tinville ? Qu'on ne dise point que cette terrible parodie d'une Cour de Justice était un

que vous a connu l'influence directe de
ces lois sur les mœurs et sur toute la
moralité publique ! Vous dont l'existence n'eut rien de personnel et appar-
tint entière à la patrie ; vous dont les
intentions et jusqu'aux habitudes furent

Jury ; car, au contraire, elle en différait essentiellement.

Ce qui constitue le Jury, c'est qu'il soit
pris dans les diverses classes de la société indistinctement, ou expressément dans toutes les
classes, et que ses membres changent dans
chaque cause nouvelle.

Au contraire, les prétendus jurés, dans ce
Tribunal Révolutionnaire, furent de véritables
juges, puisqu'ils furent choisis par un parti, et
qu'ils restèrent permanens et toujours les
mêmes pour décider dans toutes les affaires.

Ceux qui voulaient faire de la nation entière
leur victime, ne pouvaient espérer d'en faire
leur complice : ils ne pouvaient employer
pour leurs desseins un véritable Jury. Mais
commem donner à des juges le droit inoui de

toutes pour la justice, et qui, dans la chose publique comme dans la vie privée, rappelâtes si bien la mémoire du plus juste des Grecs, eussiez-vous

---

condamner sans preuves légales? comment renverser toutes les idées, choquer tous les principes, heurter de la manière la plus directe l'opinion, qui est si puissante et si éclairée dans les temps où les intérêts de l'État excitent jusqu'aux passions? On ne pouvait en venir là d'abord. Ces difficultés étaient invincibles: il était seulement possible de les éluder; et c'est ce qu'on fit. On organisa le tribunal de manière à ce qu'on y vît l'image d'un Jury; mais on fit de ces jurés apparens de vrais juges, afin qu'ils pussent obéir, d'une manière constante comme leurs fonctions, au système d'extermination qu'il fallait paraître régulariser. C'est précisément parce que jamais le Jury n'eût pu servir à ces plans également insensés et atroces, que l'on fut forcé d'établir un Tribunal d'une organisation particulière, le Tribunal Révolutionnaire.

jamais voulu ébranler cette garantie,
(*) la seule que nos lois nous eussent

(*) On ne se dissimule point que cette garantie n'a pas été parfaite, et qu'on n'obtiendra
pas une exactitude scrupuleuse, si désirable,
mais d'ailleurs impossible. C'est précisément
parce que des lois faites par les hommes n'atteindront jamais les moyens d'une certitude ir-
récusable, que l'homme n'a rien à désirer au-
delà du Jury qui remplace les avantages de
cette certitude vainement cherchée. Cependant
si la preuve légale ne contient pas une exactitude parfaite, il ne s'ensuit nullement qu'une
preuve légale, bien établie, ne soit pas une
démonstration satisfaisante dans les jugemens
par magistrats. Le rapport exact du diamètre
à la circonférence n'est pas trouvé ; mais le
rapport approximatif sert de principe à toutes
nos opérations. Avec cette base dont l'imperfection n'est pas sensible, nous avons, dans
nos arts mécaniques et dans les calculs de l'as-
tronomie, des résultats qui vont très-bien au
but.

laissée ? Non sans doute. Mais quand
vous en montriez l'imperfection, vous
jetiez les fondemens essentiels de cette
institution du Jury, si digne de tous vos
vœux, et que nous ne cesserons jamais
de chérir ou de regretter.

La politique a quelquefois, il est vrai,
des maximes d'une équité moins sévère ;
mais ce n'est qu'au milieu des grands
dangers et des grandes catastrophes.
L'art savant de les arrêter peut négliger
certains principes pour éviter le renversement de tous les principes, et
abandonner quelque chose pour maintenir l'ensemble. Cet art dangereux,
parce qu'il est absolu ; mais sublime,
parce qu'il est conservateur, c'est la
dictature de la sagesse. Qu'il soit permis alors, mais qu'il ne soit permis qu'à
la sagesse seule, et alors seulement,
de craindre autant l'évasion des coupables que la ruine de l'homme de bien.

Mais que dans un état paisible, au
milieu des apparences et des promesses

de la sûreté publique, on s'attache davantage à atteindre le criminel qu'à
sauver l'infortuné; que l'on mécon-
naisse ces bizarreries fréquentes de la
vie qui environnent d'indices réproba-
teurs l'innocent qui ne saura comment
en dévoiler la fausseté; c'est introduire
tous les dangers de la barbarie, dans la
prétendue sécurité de nos villes, et forcer à chercher son salut dans un esprit
de précautions et de ruses, tandis qu'a-
vec plus de confiance on fût toujours
resté de bonne foi; c'est détruire tout
amour de la chose publique, et tourner
vers le seul intérêt personnel ces affections qui se fussent étendues à la patrie,
si l'on n'eût pas entraîné chaque individu à se regarder comme en état de
guerre contre elle, à se maintenir du
moins dans la dissimulation et l'éloigne-
ment. Ce mode tout contraire à l'innocence, n'ajoute rien à la garantie de
la société pour que le crime soit puni,
puisqu'il n'ajoute que des moyens in-

certains, qui n'atteignent ni exclusivement ni précisément le crime, mais qui
punissent les apparences.

Non-seulement les magistrats permanens n'ont point le droit réel de suivre
leur conviction indépendamment d'une
preuve légale; mais quand même il ne
serait pas contraire à l'essence des choses qu'ils partageassent ce droit avec
les jurés, la prudence forcerait à une
exception qui leur en ôtât le privilége. (*h*)

Cette suite d'occasions, ou plutôt cette
occasion perpétuelle si délicate pour
leur intégrité; cette habitude de juger
qui met, à la place du sentiment de ce
grand ministère, la routine, l'ennui ou
l'impatience d'une fonction journalière;
l'esprit de corps dont il est si difficile
de se prémunir, et plus difficile peut-
être de paraître exempt; tout les condamne à ne suivre en tout que la loi;
ou plutôt, je le répète, tout concourt
à exiger que cet inestimable avantage

leur soit donné de n'être pas plus in-
quiets et plus déchirés d'anxiétés que
celui qui attend leur arrêt ; de pouvoir
respirer, quoique juges ; de décider
pour le malfaiteur le moment fatal, sans
voir sa tête errer autour du tribunal,
et marquer des fantômes de sang, sur
ces décorations chargées d'une responsabilité que bien des malfaiteurs même
trouveraient trop formidable si elle pe-
sait sur eux.

La magistrature sera bien plus respectée quand le soupçon même sera
devenu impossible ; quand rien d'odieux
ne lui sera jamais attribué ; quand
ses fonctions augustes seront séparées
par un intervalle bien plus vaste des
fonctions viles de ces hommes qui ont
choisi pour métier d'ôter la vie à des
hommes.

Nous examinons l'institution en général, et dès-lors nous sommes obligés
de compter pour rien l'expérience locale
et momentanée. Si l'on ne peut faire

aucun reproche aux Cours Spéciales
actuelles , c'est une exception admi-
rable à la loi commune , cette loi
tirée de la nature des choses , qui veut
qu'on les trouve dangereuses dans l'illimité de leurs attributions. Si tous les
hommes étaien bons , intègres, respectables , l'objet même de ces discussions
serait inconnu. C'est contre les méchans
ou les faibles que les précautions sociales ont été prises ; et la prudence qui
les dicta ne saurait se concilier avec
la supposition que tous les magistrats
composant les Cours Spéciales seront
toujours des hommes inaccessibles à la
corruption ouverte , et même aux insinuations plus captieuses de leurs affections personnelles , ou de l'esprit ambi-
tieux des corporations.

Sans doute nulle sagesse humaine ne
parviendrait à établir parmi nous un
système de preuves légales conçu avec
une assez profonde simplicité , et déterminé assez strictement pour qu'il ne

se rencontrât pas de circonstances incertaines.

Si cette perfection était possible, le
grand problème des deux garanties égales et également certaines pour le ministère public et pour l'individu accusé,
serait entièrement résolu : l'établissement de la preuve légale ne serait pas
seulement une justice devenue indispensable par la suppression du Jury, mais
une institution préférable à celle du
Jury même.

Il arrivera donc que l'on sera trompé
par la preuve légale ; mais cela arrivera
très-rarement : et si l'on n'obtient pas
une équité certainement et toujours
parfaite, ne sera-ce rien que d'avoir
détruit l'arbitraire, d'avoir concilié les
droits, d'avoir suivi la nature des choses,
d'avoir rendu l'institution vraiment respectable, et d'avoir donné aux juges,
sinon le privilége d'être infaillibles, du
moins le bonheur d'être irréprochables ?

« Que reste-t-il donc, si ce n'est de traiter les affaires humaines humainement, dit d'Aguesseau ; de se persuader que tout ce qui fait la matière des jugemens est du ressort de la jurisprudence, dans laquelle on juge des choses, non selon ce qu'elles sont en elles-mêmes, mais selon ce qu'elles paraissent en dehors ; de s'humilier à la vue du néant de la science, et, si nous osons le dire, de la justice humaine qui, dans les questions de fait, est forcée de juger, non sur la vérité éternelle des choses, mais sur leurs ombres, leurs figures et leurs apparences ? »

« Ainsi, après avoir pris toutes les précautions que la prudence des hommes pouvait prendre, si nous sommes trompés, comme nous pouvons l'être encore, nous le sommes dans les règles, et nous devons laisser au jugement de Dieu la vengeance d'un crime qu'il lui plaît de dérober tellement à notre vue, qu'il nous paraît même absolument impossible. » *Second plaidoyer dans la cause de la Pivardière.*

Ces principes n'ont point changé ; l'équité en est évidente, et l'équité est de tous les temps. Aucun texte de lois établissant des tribunaux, des commissions faisant exception à l'ordre judiciaire constitutionnel, des tribunaux où les prévenus soient jugés par d'autres que par leurs pairs ; aucun texte de ces lois ne propose aux juges d'autres règles de conviction que celles qui ont été suivies de tout temps. L'acception même du mot indique que le ministère du juge est de peser des preuves. La règle, le poids sera donc déterminé. Quoi ! il nous faut des modèles confectionnés avec des soins infinis ; il nous faut des étalons pour la vente de l'huile ou du blé ; et pour la ruine ou la mort des hommes, nous resterions dans l'arbitraire, dans le chaos ! Nos lois ont surveillé avec l'attention la plus scrupuleuse ce qui concerne nos intérêts mercantiles ; et elles négligeraient toujours ce qui compromet l'honneur et la vie ! Mais comment établirons-nous une règle dans les têtes ou dans les cœurs, quand le vague et l'incertitude des formes publiques nous réduisent à nous arranger du désordre !

Pourquoi les jugemens de police correctionnelle sont-ils susceptibles d'appel ? parce que les affaires qui ressortissent de ce tribunal ne sont point décidées par des jurés appréciateurs des probabilités naturelles, mais par des juges appréciateurs de preuves fixes et légales. Autrement l'appel serait au moins inutile : la supposition contraire serait inadmissible ; car s'il ne s'agissait que de vices de formes, c'est la Cour de Cassation qui connait de ces irrégularités. Cet appel, cette seconde jurisdiction n'existe que pour reviser le fond : et qu'y aurait-il à reviser, si les moyens de conviction étaient dépendans de l'opinion du juge et comme à sa discrétion ? Pourrait-on jamais lui dire qu'il à mal jugé, il aurait jugé selon sa conscience; la conscience ne doit point de compte aux hommes.

On a voulu faire entendre qu'il n'existait point de règles qui pussent assujétir les Tribunaux d'Exception à la preuve légale, que les règles n'étaient point écrites. Cette allégation est inconcevable. Les capitulaires de Charlemagne, la loi romaine, tous nos auteurs, toute la jurisprudence ancienne, établissent ces règles que rien n'a abrogées. *Exod. ch.* 3o. *Deuteron. ch.* 17 *et* 19. *Math. ch.* 18. *Jo.* 8. *Ad Thimot. ch.* 5. *Ad Heb. ch.* 10. *L. ubi* 12. *D. de testibus L.* 217. *D. de verborum signif. Constit. Carol. ch.* 67. *Farin. qu.* 63, *n°* 233. *Numer. ch.* 35. *Capit. Charl. liv.* 6. *ch.* 40. *La loi Jusjurand. Cod. de testibus.*

Dans le cours de la révolution, des commissions militaires, des Tribunaux d'Exception furent créés. Dans les rapports et les discours relatifs à leur organisation, et dans le texte même de la loi, jamais il ne fut fait mention de rien dont on puisse induire que l'on pensât à leur conférer les attributions du Jury. Cette intention que l'on n'eut jamais, on ne pouvait l'avoir : tout ordre la repousse ; elle n'est point dans la nature des choses, elle serait monstrueuse.

Il y a plus : le contraire existe positivement. Dans cent discours peut-être discutant l'établissement des Tribunaux d'Exception, et que j'ai tous lus ou parcourus, jamais il n'est question de conviction morale, et même on n'y trouvera pas une seule fois le mot conviction, mais toujours le mot preuve. Le Tribun Daveyrier, portant la parole au Corps Législatif, en faveur de l'établissement des Tribunaux Spéciaux, s'exprime ainsi : Après la compétence, il n'y a plus que l'examen des preuves.

Le conseiller d'état Portalis, orateur du Gouvernement près le Corps-Législatif, dit positivement que le Tribunal de Cassation ayant jugé la compétence, c'est-à-dire ayant déterminé le fait, il ne peut y avoir d'erreur dans l'application de la peine, puisqu'il ne peut plus y en avoir dans la qualification du délit : il n'y a de possible qu'un *mal jugé* dans l'appréciation des *preuves*.

~~~~~~~~~~~~~~~~~~~~

PERFECTIONNEMENT PROPOSÉ.

C'EST une question d'un grand intérêt pour les publicistes, que celle des
améliorations nécessaires dans l'institution du Jury parmi nous. Il était reconnu que dans son état actuel, il n'o-
pérait qu'imparfaitement la garantie de
la société. De toutes parts on proposa
des moyens. Les uns dénaturaient cette
institution, l'une des plus anciennes, des
plus belles, des plus respectables conceptions de l'esprit humain : les autres,
petits, mesquins, et sans danger, parce
qu'ils eussent été sans effet, ne paru-
rent pas même approcher du but. Si
l'on était seul à en porter ce jugement,
ou s'il ne paraissait pas équitable jusqu'à l'évidence, on n'oserait point paraître si sévère au moment où l'on propose soi-même d'autres procédés.
~~~~~~~~~~~~~~~~~~~~

Il faut, non-seulement procurer à
la société une garantie plus réelle que
celle qui lui est offerte maintenant dans
les jugemens par Jury, mais encore
éviter au système des preuves légales
nécessaires dans les autres jugemens,
ces justes reproches que de grands écrivains lui font. Ils se sont élevés contre
cette nomenclature bizarre, contre ce
calcul fautif des demi-preuves, des quart-
de-preuves, calculs si erronés que le
génie même devint plaisant en les faisant. La certitude physique est à la
certitude morale, dit Buffon, : : 22,
189,999 : 10,000. J'imagine une table de
logarithmes sur le lit de justice, et des
juges, grands algébristes, estimant
les témoignages selon la méthode des
Fluxions, ou ne pouvant condamner un
homme certainement coupable, parce
que la certitude légale qu'ils obtien-
dront ne sera à la preuve, ou à l'évidence légale, que : : 999,999 : 1,000,000.

Si l'on trouve un moyen d'abandonner ces calculs qui furent très-bons pour remplacer les jugemens de Dieu, les épreuves judiciaires établies ou connues sur la plus grande partie du globe dans les temps d'ignorance, mais qu'il faut oublier ensuite eux-mêmes comme des essais vicieux, comme des premiers pas trop imparfaits; si l'on peut obtenir une garantie suffisante pour la société, sans priver les accusés de celle dont la moindre partie ne doit jamais leur être ôtée, alors on aura détruit la seule objection raisonnable qu'on puisse opposer à l'utilité incontestable des preuves légales : l'on aura donné à la société toute la garantie nécessaire dans les jugemens par Jurys, quand le Jury ne sera pas obligé d'absoudre pleinement celui qu'il ne voudra pas décidément condamner.

Dans les jugemens par Jury, les prévenus sont déclarés coupables, ou sont acquittés : il n'y a point de milieu. Mais cette nécessité d'opter toujours entra ces extrêmes, convient mal à l'incertitude des choses humaines. Dans la crainte de punir quelquefois des innocens, le Jury acquittera plusieurs malfaiteurs ; sans flétrissure et sans frein, ils seront réjetés dans la société qu'ils pourront fatiguer de nouveau, en évitant seulement d'accumuler contre eux d'autres indices que ceux qui pourraient convaincre, mais non jusqu'à l'évidence. Dans la crainte contraire de laisser échapper trop de coupables, le Jury condamnera des hommes sur lesquels il douterait encore, s'il n'était entraîné par le poids de cette considération génerale ; et plusieurs innocens seront sacrifiés, uniquement parce qu'il n'y a pas de milieu entre perdre ou sauver, acquitter ou condamner.

Qu'une question de plus soit proposée au Jury. Est-il constant, demande-t-on, qu'un tel soit coupable ? Qu'on demande ensuite : Est-il constant qu'il n'est point coupable ? Et que dans le cas où les

deux réponses seront négatives, le prévenu, ne pouvant être ni condamné ni
acquitté, soit mis sous la surveillance
du Gouvernement. Ce ne sera point une
rigueur nouvelle, mais seulement une
justice moins imparfaite. Les coupables
contre qui les preuves auront manqué,
s'ils ne sont pas punis, seront du moins
réprimés, et même châtiés ; et les innocens que des apparences malheureuses
traduisent devant la justice, n'en sor-
tiront plus couverts au-dehors d'une
flétrissure ineffaçable, quoique purs
intérieurement. L'on verra cesser cette
confusion malheureuse qui n'établissait
aucune différence dans l'opinion publique, qui livrait également au déshonneur celui que le jugement eût pu condamner, si l'on n'eût pas exigé scrupu-
leusement une évidence absolue, et celui que l'évidence même fit acquitter ;
qui traitait d'une manière semblable
beaucoup de malfaiteurs heureux, et
beaucoup d'hommes de bien tombés par

hasard dans cette extrême infortune de
rester toujours suspects à la société dont
ils n'avaient point démérité.

De même, devant les Tribunaux
d'Exception, quand la preuve légale
sera incomplète, et que pourtant il s'en
faudra de peu qu'on l'ait obtenue, lorsque les juges ne pourront condamner
sans se montrer arbitraires et sans introduire un abus, une voie d'injustice où
la sûreté de tous les justiciables irait
ensuite se perdre ; lorsque pourtant ils
seront certains, mais de cette conviction que la loi n'a pas pu prévoir, de
cette conviction morale qu'il faut réunir
à la preuve légale, mais qu'on ne saurait comment y réunir autrement, alors
ils prononceront le renvoi sous la surveillance du Gouvernement.

Dans l'un et dans l'autre jugement,
par Juges ou par Jury, ce sera une application heureuse et la meilleure possible
de cette disposition demandée dans le
projet du Code Criminel. Dans l'un et

dans l'autre cas, le prévenu, mis sous la surveillance du Gouvernement, ne saurait s'en plaindre, puisqu'il eût été déclaré coupable par un Jury moins religieusement scrupuleux, ou par des Magistrats qui, comme les anciens juges, auraient été réduits à l'option absolue d'acquitter ou de condamner. Il bénira cette législation soigneuse de sa sûreté, qui, lorsqu'elle pourrait le perdre sans injustice, veut le conserver par une justice plus attentive, plus indulgente, plus généreuse, et qui met un avertissement salutaire et propre à le ramener aux devoirs, à la place de ces châtimens sans retour, ou qui ne faisant souvent qu'aliéner ceux qui croyaient n'en pas mériter toute la rigueur, les précipitent dans des crimes plus odieux.

En substituant ces trois modes aux deux seuls qui existent, on aura enfin une justice; elle sera adaptée davantage à cette diversité de situations et d'événemens, et sur-tout à ces perpétuelles

occasions de doute où la raison arrête
notre impatience expéditive, nos passions décisives et tranchantes. S'il est
une considération qu'il soit superflu de
justifier, c'est celle de l'insuffisance de
ces deux modes, dont l'un punit comme
certainement coupable, et l'autre renvoie comme tout-à-fait innocent; tandis
que dans la plupart des causes, l'amour
de la vérité ferait au contraire rester
en suspens, si l'obligation de juger, si
l'intérêt de la société, si la force des
choses, ne décidait à saisir dans l'obscurité celui des deux extrêmes dont la
probabilité paraît mieux affermie.

Que doit faire maintenant un Jury
qui trouve que les vraisemblances de la
culpabilité de l'accusé sont en proportion de celles de son innocence, comme
vingt, comme cinquante, comme cent
sont à un? Il doit l'acquitter; et voilà
le vice à réformer dans l'état actuel du
Jury en France : mais enfin il doit l'acquitter; car n'y a-t-il qu'un qui parlât

contre mille, celui-là peut gagner contre ceux-ci. Alors, cet homme qu'il est
difficile de ne pas condamner, et qui
est coupable presque sans aucun doute,
sera traité absolument comme celui qui
détruit toute allégation, qui démontre
sa parfaite innocence; comme cet homme
de bien injustement soupçonné, et que
son malheur devrait placer même au-
dessus de l'homme de bien qu'on n'ac-
cusa jamais. Je demande si ce n'est pas
une injustice manifeste.

Je vais plus loin : Je disais que cet
homme d'honneur qui fut mis injustement en jugement, devrait être placé
au-dessus de celui qu'on ne soupçonna
jamais. J'ajoute que cette différence
est une justice positive; que des dédommagemens lui sont dus. Maintenant il
n'est pas même justifié, puisque le jugement qui l'acquitte ne diffère point du
jugement qui renvoie un autre coupable dont le crime bien réel n'a pu être
prouvé pourtant. C'est une véritable

iniquité. Il faut qu'une distinction formelle entre l'homme qui s'est justifié,
et le coupable renvoyé faute de preuves,
rétablisse entièrement, pour le premier,
l'honneur si difficile à rétablir. Il faut
encore que les alarmes de la détention,
que la honte momentanée, que les maux
enfin qu'il a soufferts, reçoivent un dé-
dommagement : il sera presque toujours
insuffisant, mais enfin il prouvera l'intention de réparer un mal souvent irré-
parable ; il satisfera l'infortuné, puisqu'il
sentira qu'il ne peut guère espérer davantage ; que ce qu'il a droit d'attendre,
on le fait, et que s'il souffre encore c'est
par une fatalité inévitable, et parce que
les suites d'un pareil désastre sont quelquefois assez grandes pour que la société
n'en puisse arrêter les conséquences.

Ainsi, quand un Tribunal d'Exception
sera convaincu de la culpabilité, mais
que la preuve légale ne pourra être produite, il ne sera plus forcé de condamner sans des preuves déterminées par la

loi, ce qui serait monstrueux dans des Magistrats permanens ; il ne sera pas réduit à renvoyer le coupable, ce qui serait attentatoire à la sûreté de la société. Echappé à la peine qu'il eût pu encourir, soumis à une surveillance qui l'éloignera du crime, le prévenu se trouvera encore favorisé s'il est coupable ; il ne sera jamais sacrifié quand il sera innocent. La société sera garantie, sans être réduite à se rendre injuste par de mauvaises formes, et cruelle dans des précautions trop sévères.

Ainsi, quand un Jury ne sera pas pleinement convaincu, il ne sera pas obligé de donner une décision qui déclare innocent l'homme qu'il croit coupable. Et quand le véritable innocent sera bien reconnu pour tel, soit par le Jury, soit par des Magistrats, il sera réhabilité dans ses titres à l'honneur, dans ses droits à la bienveillance publique ; le désordre de ses affaires sera réparé ; comme en Angleterre des dédommagemens seront obtenus, et la nécessité d'en donner rendra moins inconsidérées les mises en jugement. Les avantages découlent en foule de l'établissement d'une chose bonne. Quand une chose utile est juste, c'est un devoir de l'établir; quand elle est juste et sans inconvéniens, ce serait une faute sans excuse, ce serait même une faute en politique, si l'on hésitait à la réaliser. Ce changement perfectionne l'institution du Jury; peut-être quelques autres réformes moins importantes seront aussi jugées convenables; mais après ce seul changement, les reproches graves qui s'élèvent contre le Jury tomberont, l'institution sera maintenue, nous resterons au rang des nations éclairées, et nous continuerons de réunir aux avantages d'un Gouvernement prompt et fort, celui de n'être pas un troupeau trop vil pour un Gouvernement généreux.

Nous avons observé que le projet de

Code Criminel contenait la proposition de renvoi à la surveillance du Gouvernement : mais pour qu'il résulte de cette disposition nouvelle des avantages réels et proportionnés à nos besoins ; pour que ce soit une idée grande et féconde, il nous a paru qu'il fallait l'établir comme il vient d'être dit. Peut-être l'idée en était assez simple ; mais ce sont les conceptions les plus simples, comme les plus utiles, qui souvent ne se présentent pas d'abord. Celle-ci est importante, et nous nous y arrêterons dans l'article suivant.

Le nombre nouveau de personnes que la Police surveillera, ne sera point une charge onéreuse à l'État. Ce surcroît dans les embarras de la surveillance, sera compensé par les facilités dans l'exécution, quand le but sensible d'utilité publique rendra les fonctions de la police plus agréables aux peuples, et substituera dans les esprits l'idée d'une sorte de protection favorable à celle d'une perquisition ennemie ou d'une chaîne toujours menaçante.

La police est véritablement une force politique d'un ordre nouveau et inconnu dans les anciens États ; c'est un moyen de prévenir ce que les Tribunaux ne font que punir ; c'est une sorte de Magistrature dont l'intention, et très-souvent les effets, sont d'empêcher les maux auxquels la justice remédie trop tard, et sans pouvoir presque jamais les guérir réellement.

Une remarque bien naturelle à faire, c'est que la police, parvenue au point d'organisation où elle se trouve maintenant, donne à la société une nouvelle garantie très-puissante ; ce qui est une raison de plus de laisser à l'accusé cette grande compensation que la société elle-même lui offre dans le Jury.

Quand l'action du Gouvernement est modérée et sage, elle ne saurait être trop grande. Qu'elle soit immense en général, et jamais trop sentie en particulier ; qu'on voie toujours qu'elle est irrésistible, et qu'on sache difficilement par quelles voies elle agit.

Observer est comme agir ; ce sont les mêmes principes politiques : dès-lors que le but est de régir, d'exercer ou de maintenir un pouvoir, et que les hommes sont les moyens et sont encore les matériaux de votre action, de vos observations, tout l'art de cette statique morale consiste dans le très-petit nombre des rouages, et dans les rapports qui peuvent en décupler les forces.

Que le Gouvernement se montre assez fort pour négliger l'opinion des hommes remuans. Que tous les procédés de l'administration annoncent une tranquille indifférence, sans aucun dédain pour la façon de penser ou de parler de l'individu, quand il n'y a pas un *scandale* marqué, quand l'indiscret n'est point constitué en dignité.

L'opinion publique est respectée, non pas de manière à ce qu'on paraisse en

traindre certaines suites; mais on y voit
l'expression sacrée d'une règle morale.
Ce n'est point une force que le Gouvernement ménage avec inquiétude; mais
un assentiment qu'il reçoit avec satisfac-
tion, comme le résultat légitime de ce
qu'il a fait; comme un moyen facile et
grand pour le bien qu'il veut opérer,
pour le succès des mesures et la durée
des formes qu'il adopte.

———————

~~~~~~~~~~~~~~~~~~

DU JUGEMENT.

LES vérités sur lesquelles j'ai insisté
moi-même en faveur du Jury, et qui
placent cette institution au-dessus de
tout autre mode judiciaire, sont autant
de raisons qu'on pourrait faire valoir
contre la preuve légale ; et je ne puis
me le dissimuler. Mais on ne saurait
pourtant me les opposer justement ; car
je ne prétends défendre le systéme des
preuves légales que comme un dédomm-
magement imparfait, mais le seul qu'on
puisse trouver, comme une ressource,
une sorte de pis-aller, dans la supposition où le Jury étant supprimé, des
juges permanens, toujours en vedette,
et placés sous la dépendance du Gouvernement, lui seraient substitués.

J'ai établi que dans la nature, il n'y
a ni genres ni espèces, que tous les faits
sont isolés, et que n'ayant point de
~~~~~~~~~~~~~~~~~~

connexité réelle avec d'autres faits, ils demanderaient chacun une loi particulière ; qu'ils l'exigeraient, s'il n'y avait pas impossibilité dans l'exécution. On en doit conclure sans doute qu'il est difficile de suppléer au Jury. D'ailleurs, cette institution une fois connue, est devenue nécessaire, indispensable dans nos mœurs, dans le degré actuel de nos lumières. Ainsi je ne parlerai de la preuve légale, que subsidiairement ; mais j'en parlerai, parce qu'il est possible enfin que le Jury ne soit pas maintenu, et parce qu'il existe des Tribunaux d'Exception.

Dans toutes les accusations criminelles, deux questions se présentent toujours à discuter : Le fait est-il réel ? le prévenu en est-il l'auteur ? La condamnation ne peut être prononcée que d'après la preuve pour les deux réponses affirmatives.

En matière criminelle, comme en matière civile, on doit distinguer deux sortes de preuves. La preuve, proprement dite, est celle qui satisfait entièrement l'esprit comme une démonstration mathématique, qui produit l'évidence, qui est assez complète pour qu'il y ait intuition dans toutes les parties du raisonnement. Cette preuve existe, quand le fait criminel étant reconnu, l'accusé lui-même se déclare coupable; quand il fait cet aveu librement, volontairement, en quelque sorte; quand il n'est contraint par aucune torture; quand il n'est subjugué par aucune promesse insidieuse; quand il n'y est réduit que par la force de la vérité, par des objections pressantes, par l'impossibilité d'expliquer autrement sa conduite. Cette preuve existe encore, si le fait s'est passé dans la place publique; si l'on a vu, si l'on accuse généralement l'homme saisi par la multitude, *flagrante delicto*. Un écrit signé et reconnu par l'accusé, est un véritable aveu. Ces preuves sont positives et absolues : et puisqu'elles

opèrent une conviction générale, unanime et qu'aucun moyen ne peut attaquer, à plus forte raison contiennent-
elles la preuve légale, qui n'est qu'une
présomption reconnue assez grande,
mais non infaillible.

Cette seconde espèce de preuve, la
preuve légale, quoiqu'insuffisante si on
l'examine avec toute l'exactitude d'une
équité sévère, est justifiée pourtant par les
raisons qui la firent admettre. La société
devait concilier l'intérêt qu'elle a de
protéger l'innocence, avec l'intérêt non
moins réel de ne pas laisser le crime
impuni. Cette combinaison nécessaire
de ces deux motifs, tous deux justes
et obligatoires, établit la preuve légale.
Le législateur en rédigea les règles
fondées sur l'expérience des siècles,
sur les méditations des jurisconsultes,
sur la connaissance plus ou moins
avancée du cœur humain, et des
subterfuges qu'il peut employer pour
se cacher, et pour faire perdre la trace

de ses desseins dans le dédale des précautions et l'obscurité des événemens.

Les faits ont précédé les règles; il
fallut donc adapter les règles aux faits
qu'on pouvait prévoir. Nous avons vu
les avantages décisifs pour la société,
les raisons bien sensibles, et la nécessité de maintenir une preuve légale sous
une forme quelconque. Proposons maintenant la forme que nous croyons préférable.

Et d'abord, remarquons un vice essentiel dans le système ancien. C'est à
ce vice qu'on peut attribuer, avec évidence, tant d'injustices dont les annales des temps malheureux nous ont
transmis la déplorable répétition. Ce
vice qui ne devait pas échapper aux regards, et dont on voit avec étonnement
toute la durée dans un siècle de lumières, c'est le calcul trompeur des
indices, des commencemens de présomption, des tiers, des quarts de preuves. Comme si la vérité était plus ou

moins la vérité ; comme si des quantités hétérogènes étaient commensurables ; comme si des semi-preuves de diverse nature pouvaient être réunies ; comme s'il y avait des commencemens de preuve, et que l'on pût savoir ce que c'est qu'un huitième, un douzième, un centième de preuve, une fraction de preuve ; comme si l'on pouvait additionner les unités d'une série d'indices nombreux, mais tous incertains, et qu'on s'imaginât que réunis, ils produiraient la certitude qui n'était dans aucun. Des indices additionnés donneront toujours pour résultat des indices, et non pas une preuve ; et ces quantités étant incompatibles, sont incommensurables.

La preuve légale est une démonstration consentie par la société et regardée comme suffisante, une démonstration convenue, ou, si l'on veut, une très-forte présomption dont la société se contente pour procéder à la condamnation. Cette

preuve, nommée légale, parce qu'elle
est de droit étroit, parce qu'elle est de
rigueur, fut de tout temps la déclaration de deux témoins qui déposent *de
visu*. Le témoin légitime est l'homme
jouissant de toutes les facultés habi-
tuelles, et en qui l'on ne peut découvrir aucun intérêt à trahir la vérité. Le
législateur a voulu que cette déposition
suffît pour établir une preuve légale. Si
l'on s'était borné à celle-là, sans doute
le système eût été bon, et n'eût jamais
entraîné de condamnation inique et désastreuse. Cette disposition fait jouir
l'accusé d'une garantie plus grande
que celle que se réserve la société,
puisque les allégations d'un seul témoin, même oculaire, ne suffiraient pas
contre lui. Admirez quelle fut la vigi-
lance des lois, et quelle intention tuté-
laire! Un seul témoin suffirait aux yeux
de la raison, s'il ne s'agissait pas de
protéger l'homme malheureux et faible;
car si le témoignage du déposant est ba-

lancé par la dénégation du prévenu, il doit l'emporter néanmoins, celui-ci ayant tout l'intérêt possible à nier, et le témoin bien choisi, n'en ayant aucun à déposer contre lui.

Mais il était digne de la majesté des peuples et de la force des sociétés, de ne point lutter d'égal à égal contre un homme seul qu'on tient dans les chaînes, et d'être toujours généreux envers le coupable présumé, puisque son malheur est plus certain que son crime. La société lui accorde une garantie plus grande, afin qu'il ne se prétende pas opprimé par elle, qu'il oublie sa puissance, et ne voie que sa justice.

Le législateur a encore voulu trouver en cela l'avantage d'une espèce de contrôle. Difficilement deux témoins, entendus séparément, se rencontreront d'une manière uniforme dans la construction d'un mensonge, et dans l'arrangement de toutes les parties qu'il renferme, et que décomposent les questions attentives du juge. C'est un piége tendu aux imposteurs : il est si naturel, qu'il est presque toujours inévitable. S'il arrivait que ces deux témoins eussent concerté ensemble une fausse déclaration, qu'ils eussent bien prévu tous les détails, et bien arrêté leurs réponses à presque toutes les questions possibles, du moins ne serait-il pas au pouvoir de leur prudence funeste, de ne pas tomber en contradiction avec les autres témoins qui ont déposé sur les circonstances antérieures, ou subséquentes, ou accessoires. La vérité seule, en fixant une route certaine et invariable, peut mettre un accord parfait entre des gens qui ne se sont pas concertés; bien rarement même ceux qui se sont concertés pourront, sans vérité, produire un tel accord. Ces considérations suffirent pour que la déposition uniforme de deux témoins donnât la preuve légale de la culpabilité.

Il peut encore résulter une preuve

légale de deux forts indices que j'appel-
lerai témoins muets. Il faut que ces indices se rapportent directement au fait,
qu'ils dérivent des circonstances qui en
font partie ; autrement ce ne serait pas
des indices assez directs, assez positifs
pour qu'il en pût résulter une preuve
légale. Un vol, un assassinat, furent
commis dans une maison : l'on en vit
sortir un individu, mais il peut rendre
compte des motifs légitimes qui occa-
sionnèrent sa présence dans cette maison ; alors cette rencontre ne fournit
qu'un indice de possibilité, mais nullement une présomption à laquelle on
puisse s'arrêter contre lui. Si au contraire il ne peut rendre compte des motifs qui l'amenèrent ou le retinrent dans
cette maison ; voilà un indice, et un
indice très-fort, auquel on peut s'arrêter davantage même qu'on ne le ferait
à la déposition d'un seul témoin ; car
enfin ce témoin pourrait être corrompu.
Ici, au contraire, il n'y a que les choses

et l'accusé lui-même, on ne saurait appercevoir des sources d'erreurs. A cet
indice puissant, il se joint une autre
circonstance également convaincante ;
on trouve sur lui les objets mêmes qui
ont été volés, ou bien quelque arme
encore ensanglantée : si rien ne détruit
l'autorité de l'un ou de l'autre de ces
indices, la preuve légale est acquise,
le juge peut condamner sans compro-
mettre sa responsabilité.

Si rien, disais-je, ne détruit la va-
leur de l'un ou de l'autre de ces indices,
toute preuve légale n'étant qu'une présomption admise au défaut de l'évidence,
elle cède nécessairement à l'évidence
contraire, à l'évidence dans les faits.
La preuve légale dont je parlais serait
détruite, s'il arrivait que la décomposi-
tion chimique du sang dont serait teinte
l'arme trouvée sur l'individu, prouvât
que ce n'est pas du sang humain.

Les preuves légales obtenues avaient
fait condamner un malheureux à être

rompu vif ; mais le ton de ses réponses semblait révéler son innocence. Le chancelier sentant, en quelque sorte, que les apparences le trompaient, revisa attentivement la procédure. Deux témoins déposaient avoir vu l'assassinat, avoir distingué à la lumière de la lune le dernier coup dont l'assassin frappait sa victime. La lune n'avait pas éclairé ce jour-là ; et le crime des témoins fut assez tôt reconnu.

Le seul indice qui puisse concourir à former la preuve légale, est celui qu'on tire de la conséquence nécessaire d'un fait, et qu'on ne saurait en séparer sans admettre l'impossible (*). Si une vestale accouche, on suppose comme démontré qu'elle a connu un homme. Cela paraît être la loi de la

---

(*) Loi antique, Cod. ad Velleian : 2, dans la loi final. Cod. ad Macedon : 30, dans la loi qui hominem 35, 55 litium, D. de solut : 40, Dans la loi Si qui 34. D. de adult, etc.

nature ; plusieurs peuples reconnaissent
des exceptions , mais on ne s'y arrête
pas en justice , parce qu'on les dit fort
rares. Une écriture est authentique
quand elle a été légalisée par des personnes en fonction. Si cette écriture
prouve directement le crime et son auteur ; voilà cette preuve légale qu'on
appelle preuve littérale. Mais cette écriture ne formera pas une preuve littérale , si elle n'est pas authentiquement
légalisée , ou si elle n'est pas reconnue
par l'accusé. Ce n'est plus la pièce qui
prouve ; et quant au sentiment des
experts qui ont examiné et comparé
les caractères pour en inférer par quelle
main ils doivent avoir été tracés, c'est un
jugement d'homme , et non un témoignage public ; c'est une opinion de personnes compétentes pour avoir une opinion , mais non pour prononcer sur l'accusé. Ce sentiment des experts n'a donc
jamais force de preuve. L'incertitude
des apperçus , la discordance qui règne

dans toutes les opérations des experts,
les contradictions dans lesquelles ils
tombent journellement, prouvent assez
que les résultats de leurs recherches
ne peuvent jamais être que des conjec-
tures, que les déclarations d'experts
sont absolument insuffisantes. Il faut
qu'elles concourent à la preuve testimo-
niale et aux indices péremptoires pour
la formation de la preuve légale.

La preuve légale fut établie pour la
garantie de l'accusé; et nous cherchons
cette garantie dans une de ses conséquences principales, qui donne en même
temps au juge un moyen précieux de
justification. Nous voulons que dans
toute circonstance, et à quelque distance que ce soit de l'époque du jugement, quiconque s'y croira autorisé,
puisse demander compte des peines
qu'on aura infligées, du sang qu'on aura
livré: alors les juges, toujours responsables, seront bien rarement suspects;
ils seront respectés, et l'accusé recon-

naîtra qu'il est garanti. De tout temps
on vit que la raison le voulait ainsi,
que cette responsabilité était de toute
justice, et que dès-lors la nature des
choses exigeait qu'on prît les moyens
sans lesquels toute responsabilité prétendue serait sûrement illusoire. Nous
l'avons déjà dit, l'intérêt même des
juges exige la preuve légale, et dans
cette règle un mode clair; car si l'on
ne sait pas comment ils doivent juger,
comment reconnaîtra-t-on s'ils ont bien
jugé? La procédure, toujours conser-
vée, ne peut avoir d'autre but; l'utilité, la nécessité, n'en furent donc jamais méconnues.

Ainsi, dès que la preuve légale sera
acquise, la condamnation sera prononcée? — Non. Que la magistrature soit le
corps le plus considéré dans l'Etat; et
pour qu'il jouisse de ces respects, de
cette considération élevée, qu'on ne
réduise pas les magistrats à n'être que
des automates; que des juges ne soient

pas comme cet employé subalterne dont
la main servilement dirigée, ouvre un
registre, en transcrit quelques lignes,
et ne met dans ses opérations rien qui
soit de lui. S'il est contraire à tout
principe d'accorder à des juges le pouvoir indéfini de condamner au gré de
leur opinion, dût-elle même rester toujours impartiale et incorruptible, il
n'est nullement indispensable que leurs
attributions ne leur donnent autre chose
que d'appliquer mécaniquement une
règle toute faite, selon un mode également prescrit.

Rien ne donnerait plus d'éclat à la
magistrature, que d'ennoblir ses attributions, en lui laissant la conviction morale. Que les juges la partagent avec
les jurés; mais que l'usage n'en soit
pas le même pour eux, puisqu'ils ne
sont pas des jurés. Qu'ils exercent la
plus belle des prérogatives, qu'ils soient
indépendans pour absoudre. Ministres
du pouvoir, qu'ils soient arrêtés par des

entraves insurmontables pour condamner arbitrairement, mais qu'ils soient libres pour éviter la perte de l'innocent ; qu'ils ne puissent jamais condamner sans que l'entière preuve légale soit obtenue, mais qu'ils puissent se refuser à prononcer la condamnation quand leur conviction ne résulte pas de ces preuves ; quand ils voient, dans des cas que la loi n'a pu prévoir, que la règle générale qu'elle a tracée le mieux possible, mais imparfaitement, devient fausse ou probablement fausse dans la circonstance présente.

On nous observe avec raison que dans ces occasions d'indulgence, ou plutôt d'équité généreuse, nous mettons en quelque sorte la preuve légale sous la dépendance de la conviction morale du juge, et qu'en affaiblissant ainsi la garantie de la société, nous sacrifions quelque chose de ses intérêts. Rien n'est plus vrai. Mais la société a des moyens si puissans, que ce privilége laissé à la

magistrature ne saurait lui être funeste.
On pourrait demander que le juge qui,
malgré la preuve légale obtenue, ne
condamne pas, rendît compte des bases
sur lesquelles sa conviction s'appuie
pour se refuser à cette condamnation, qui
pourtant serait légitime à la rigueur.
Mais nous proposerons un moyen plus
grand, et qui assure davantage la garantie de la société.

Soit qu'il n'y ait contre l'accusé que
des indices très-forts, mais non une
preuve légale complète; soit que la
preuve légale étant obtenue, n'ait pu
néanmoins convaincre le juge; dans tous
les cas enfin où l'accusé n'étant pas pleinement justifié, ce qui seul pourrait le
faire acquitter, ne sera pas non plus
évidemment coupable et devant la loi
et dans la pensée du Magistrat, cette
situation exigera un terme moyen entre
la condamnation qui le perdrait peut-
être injustement, et cette justification
entière à laquelle il n'a pu montrer

de justes droits , et qu'il faut réserver
pour le seul prévenu certainement innocent , afin que l'innocent soit toujours réhabilité par cela même qu'il est
acquitté.

Ce terme moyen rappellera cette
belle disposition des lois romaines, d'a-
près laquelle les bulletins distribués aux
juges ne contenaient pas seulement les
deux formules extrêmes , acquitté, ou
condamné , mais une troisième, *non
liquet* pour tous les cas incertains (*).

Mais , à Rome , on ne faisait que
différer le jugement, et par conséquent
l'un des deux résultats extrêmes : ici
l'on propose de les éviter tous deux
quand tous deux pourraient être iniques.
L'accusé n'encourra pas la peine principale , mais la Cour prononcera dans
cette circonstance le renvoi sous la surveillance du Gouvernement.

(*) Voyez Valère-Maxime , liv. 8 , ch. 1 ;
et Tite-Live 43. 2.

Ainsi la société verra la sûreté garantie ; ainsi le juge verra tranquilliser sa conscience, que devait troubler sans cesse la nécessité d'opter entre deux déterminations sans retour, et qui toutes deux lui paraissaient vicieuses, iniques ; ainsi l'accusé n'a pas à redouter les décisions tranchantes du Magistrat, il n'a plus à craindre d'être traité en coupable sans qu'on ait pu prouver son crime, et uniquement parce que des incidens défavorables, une fatalité désastreuse, l'ont mis dans l'impossibilité de prouver bien son innocence.

Celui-là seulement sera acquitté qui se sera justifié pleinement, qui aura détruit tous les griefs contenus dans l'acte d'accusation, qui n'aura laissé subsister aucune présomption contre lui. Alors la mise en liberté étant une preuve de l'entière justification, l'honneur se trouvera réintégré par cela seul que l'on sera acquitté : quand il n'y aura aucun crime, il ne restera aucune tache ; et l'infortuné ne verra plus la défiance, les soupçons et une sorte de diffamation, le poursuivre et l'inquiéter toute sa vie, parce qu'il aura eu le malheur d'être une fois accusé faussement. Cependant cette disposition précieuse ne suffit pas encore; elle ne suffit qu'à son honneur: il lui faut d'autres remèdes pour d'autres maux. Des dédommagemens lui sont dus. Sa détention blessa ses intérêts, altéra son crédit, ruina ses affaires, compromit sa famille; s'il fut arrêté à tort, il n'a point mérité ces maux; qu'on les répare, autant du moins qu'il sera possible. Et si malgré toutes les précautions des lois, il est condamné sans être criminel, qu'il puisse prendre à partie ses juges. Ce n'est point une faveur, c'étaient des droits. Vénérable équité! combien vos pratiques sont loin de nous!

O France! ô mon pays! on vante la facilité de vos mœurs, l'urbanité de vos manières, et cet agrément de la

société , cette délicatesse dans les procédés , cette douce bienveillance , toute
cette grâce et ce fini qu'on ne songe-
rait pas même à chercher ailleurs ! O
mon pays ! quel mensonge que cet extérieur séduisant ! qu'il y a loin de vos
mœurs ostensibles , à vos mœurs dans
tout ce que le luxe n'a pas dompté ,
dans tout ce qu'une vaine montre ne
dirige pas ! Quelle déplorable distance
entre le caractère français dans les hôtels
que l'étranger visite , et le caractère
français observé dans les hôpitaux, dans
les prisons , dans les réglemens sur
l'homme livré au malheur, sur l'homme
qui n'en impose plus , qui ne peut rien ,
qui ne promet rien , qui n'est rien si ce
n'est homme et Français !

Cependant c'est une des premières
lois morales que l'indulgence , les
soins compatissans et jusques aux égards,
soient dus à tout homme qui a besoin
des hommes et ne peut pas leur nuire.
C'est une justice rigoureuse de l'homme

envers l'homme , que celui qui peut
agir fasse en faveur de celui qui ne peut
être que passif, tout le bien qui ne compromet pas sa sûreté ou ses intérêts
essentiels. C'est un premier sentiment
de la bonté , c'est un sentiment déli-
cat de justice même , que ce respect
pour tout ce qui souffre, danslequel celui
qui ne souffre pas maintenant , et qui
maintenant peut secourir, semble pres-
sentir les misères de quelque genre que
ce soit qui l'attendent lui-même.

La bonté serait toute la vertu des
hommes , si l'opposition des intérêts à
concilier ne plaçait auparavant la justice prudente et équitable , qui sans
détruire la bonté , l'assujétit à des règles
plus étroites que le cœur n'eût desiré ,
qui doit en modérer les mouvemens ,
mais sans en affaiblir le principe , et
qui, en nous condamnant à n'être pas
toujours bons envers l'homme libre ,
nous permet du moins de l'être pour l'infortuné réduit à l'impuissance du mal,

et qui n'a plus des facultés de l'homme,
que celle des douleurs.

Quelle moralité fausse et trompeuse,
que celle des peuples chez qui les lois
n'en sont prescrites que pour le lien
civil ostensible, chez qui il est permis
de les oublier toujours dès qu'on le peut
impunément! Lorsqu'il est des cas où
la négligence la plus visible autorise et
semble justifier la dureté impitoyable
et l'oppression farouche, toute morale
est pervertie; elle n'est plus, dans les
esprits vulgaires, que prudence, usage,
convenance : le principe réel en est méconnu, et, sous le masque général d'urbanité, l'on est méchant dans le secret
des cœurs.

L'Angleterre, si jalouse de ses institutions trop vantées, n'a pas su encore
réformer ses prisons. Tissot dit n'avoir
jamais entendu parler que la fièvre des
prisons existât ailleurs qu'en Angleterre. Sans doute le climat y contribue;
car les prisons, dans plusieurs autres

pays, ne sont pas construites ou entre-
tenues d'une manière plus salubre.

Les prisons dans les Provinces-Unies
sont si tranquilles et si propres, dit le
célèbre John Howard, que celui qui
les visite a peine à croire que ce soient
des prisons. La plus grande prison de
Vienne a d'horribles cachots; mais
l'on voit avec plaisir à Vienne, les
bâtimens publics qui ont été élevés
pour les indigens, pour les vieillards,
pour les infirmes; ils font l'éloge de
l'humanité des citoyens et du dernier
Empereur.

DES PEINES ET DES LOIS PÉNALES.

Pendant long-temps les lumières et l'ensemble des données manquèrent sur les objets les plus intéressans pour les hommes. C'étaient des siècles favorables au génie qui découvre. Les siècles suivans appartinrent au génie moins ardent, moins audacieux, mais plus vaste et plus utile encore, qui rassemble des rayons épars d'une lumière naissante, qui en forme un foyer puissant, comme ce Syracusain à jamais célébre, qui, pendant que le vulgaire des défenseurs de son pays ne recevait du soleil qu'autant de jour qu'il en fallait pour distinguer et frapper chacun des ennemis, sut réunir une multitude de rayons perdus, dans un seul moment consuma une flotte menaçante, et retarda la ruine de la Cité qu'il eût sauvée, si elle eût pu l'être.

Aujourd'hui les connaissances sont trop avancées; il reste encore des choses en petit nombre qu'un génie sublime pourrait faire ou dire, le reste est devenu trivial. Entre les questions particulières de l'organisation sociale, les plus intéressantes ont été traitées tant de fois, et souvent si bien, qu'il faut presque se réduire à annoncer quelle manière de voir l'on adopte, sans se permettre l'espoir d'en donner des raisons nouvelles, ou sur-tout d'y substituer une opinion meilleure.

La loi ne punit point par ressentiment. La volonté publique n'admet point de vengeance; elle ne connait point contre un particulier cet état de guerre que quelques-uns ont pu supposer, et qui serait un étrange abus de la puissance dans une si grande disproportion de forces (*i*).

La société ne venge pas même ses membres. Dans un discours oratoire on peut parler de la vindicte publique;

mais, dès que l'on se rapproche de la discussion, il faut être exact. S'il y avait certitude que le malfaiteur ne le sera plus désormais, qu'il ne nuira plus à qui que ce soit; s'il était prouvé que son châtiment ne servira point d'exemple, qu'il sera inconnu de tous les hommes tentés de devenir coupables, ou qu'il sera perdu pour eux, la société ne voudrait point la perte du malfaiteur, les magistrats regretteraient de ne pouvoir invoquer une loi qui les dispensât de punir, le Chef de l'État n'hésiterait pas à faire grâce.

Tout châtiment légal n'est qu'une précaution contre des crimes nouveaux du coupable, un exemple donné pour prévenir d'autres délits et diminuer le nombre des criminels futurs. Cet état de guerre supposé ne peut se concevoir que dans les crises politiques et contre un grand conspirateur : aussi est-il atteint par la force, et non jugé par la loi.

La loi pénale ne connaît point d'ennemis ; elle ne prononce que sur les membres de la Cité (*k*).

Que serait-ce donc si l'action juridique prévenait le crime, si des magistrats semblaient le chercher ? Quel abus, ou, pour parler plus vrai, quelle monstruosité, si la justice animée des passions qu'elle veut réprimer, provoquait l'occasion de punir ; si des poursuites étaient intentées dans l'attente, dans l'espérance en quelque sorte d'un crime à venir ? Un créancier, par exemple, est-il jamais reçu à porter plainte en banqueroute frauduleuse, quand il n'existe aucun protêt contre son débiteur; quand au moment de la plainte celui-ci se trouve chez lui, et qu'aux termes de l'ordonnance son commerce est encore actif et dans son intégrité?

Ce n'est pas seulement une règle d'équité que les peines soient proportionnées aux délits, rapport évidemment juste, et qui avait été si étrangement

méconnu dans la confusion de ces lois
tirées de parties disparates des codes
sages ou informes de trente nations.
Mais sur-tout c'est une conséquence,
aussi politique que nécessaire, des premières convenances qui résultent de la
moralité de l'homme.

La morale toute entière est fondée
sur les notions d'ordre, d'équité, de
justesse ; les lois pénales ne sont établies
que pour maintenir l'ordre, pour rétablir l'équité. Comment des lois pénales
disproportionnées, irrégulières, qui ren-
verseraient même l'ordre naturel des
idées et confondraient les fautes avec
les crimes, ou l'écart d'une passion fou-
gueuse avec l'habitude d'une scéléra-
tesse réfléchie ; comment de telles lois
seraient-elles équitables ? comment seraient-elles d'accord avec les lois morales, premier principe de toutes les
lois humaines ?

C'est souvent par hasard, et en échap-
pant à la rencontre des circonstances

funestes, que la plupart des hommes,
dans diverses classes de la société, arri-
vent sans être repris de justice à l'âge
où des vues plus étendues et les conséquences tirées d'une expérience con-
fuse leur découvrent à peu-près ce que
leur conservation et leur honneur demanderaient impérieusement qu'ils sus-
sent bien plus tôt.

Qui pourrait se dissimuler qu'on
élève souvent les hommes dans une
entière ignorance des lois qu'il ne leur
est pas permis de méconnaître, qu'il
leur est si dangereux de ne pas suivre?
Quelques-uns même ne seraient pas
certains qu'il y eût des lois contre les
crimes les plus odieux, si les arrêts de
mort criés dans les rues ne les en aver-
tissaient indirectement.

Cependant si un incident fatal, si
un piége tendu à leur inexpérience
les fait tomber dans une faute, ils seront
aigris par un châtiment rigoureux que
leur action peut justifier, mais que leur

cœur ne méritait pas. Mécontens et flé-
tris, ils n'ont plus rien à perdre, et croient
n'avoir plus rien à ménager. D'un jeune
étourdi la détention fait un criminel
consommé ; parce qu'il n'a pas été iné-
branlable dans le bien, le voilà livré
à la société des hommes affermis dans
le mal ; parce que son cœur ne fut pas
assez vertueux, il deviendra corrompu ;
parce qu'il aura fait une faute, il faudra
qu'il commette des crimes.

C'est ainsi qu'un abus non moins
malheureux, qu'un excès dans notre
opinion quelquefois bien sévère, va
perdre pour jamais l'infortunée dont
un séducteur a trompé la faiblesse.
Bizarre sentiment de justice, singulier
amour des mœurs, qui livre à une vie
d'opprobre celle dont l'honneur n'est
pas intact, qui l'entraîne à un métier
infâme parce qu'elle s'est exposée à
quelque honte !

Mais, dit-on, il faut arrêter le vice
dès les premiers pas ; il faut que le

malheur appelle les remords , et qu'une
première peine ouvre les yeux sur l'a-
venir , afin que l'on en soit épouvanté.
C'est ce qui résulte assez de la simple
accusation. Être arrêté, traduit devant
les tribunaux, flétri par la prison , par
le jugement , c'est assez pour laisser
un souvenir ineffaçable dans une ame
honnête , et pour forcer à la maturité
des esprits inconsidérés. Criminels nombreux ! qui trouvâtes dans les peines
dues à vos premières fautes , ce chemin
du crime que vous n'eussiez pas suivi ,
je n'évoquerai point vos mânes desho-
norés : vous n'êtes plus , le crime vous
a éteints tout-à-fait ; mais je répéterai
ce que profère hautement votre lugubre
mémoire. Magistrats, daignez épargner ,
protéger les restes de l'innocence qui
chancelle : ne familiarisez pas avec l'opprobre celui qui a seulement compro-
mis son honneur , et ne l'a pas abandonné ; n'avilissez pour jamais que le
méchant à qui il ne reste plus rien

d'honnête ; conservez celui qui est homme encore. Lisez dans la physionomie du prévenu s'il lui reste un avenir que vous puissiez respecter ; étudiez ses traits , cet extérieur de son ame ; et souvent vous croirez à son repentir , aux vertus qu'il est digne de suivre encore , au prix qu'il saura mettre à cette indulgence équitable qui lui permettra , qui lui commandera d'être homme de bien , qui lui rendra les devoirs plus inviolablement sacrés.

Magistrats ! si vous faites un métier, ouvrez le livre de la loi , choisissez le titre dont l'application puisse être bien facile, et condamnez indistinctement tout homme et tout âge. Si vous exercez un ministère généreux et grand , nécessaire à la société sans être funeste aux individus , joignez à l'équité de la loi , à cette équité systématique qui , préparée pour les cas inconnus , ne pouvait être qu'inflexible et trop mécanique en quelque sorte, une autre équité,

celle de l'être moral qui prononce sur
des êtres moraux ; comme lui estimez
les différences , jugez le cas présent :
soyez toujours soumis aux démarcations
que la loi voulut fixer , aux grandes
proportions qu'elle a déterminées, à ces
classifications , à tous ces traits premiers d'une ébauche qu'elle vous donna
à suivre ; mais souvenez-vous qu'il est
laissé à votre art vénérable d'adoucir
ces angles , ces aspérités , de finir cette
ébauche, de la colorier , d'ajouter à
la précision froidement exacte , cette
grâce plus douce , ces formes moins
heurtées , cette vérité plus naturelle
que la justice exige dans les jugemens
directs sur les hommes , et dont la loi
n'avait pas besoin quand elle ne faisait
que prévoir , que décider indirectement ,
que juger l'homme abstrait.

Ainsi la loi punit également le même
crime , dans l'âge où commence la vie
active , où l'on ignore presque tout ,
quelquefois tout , les suites , les con-

séquences, et jusqu'au crime même ;
ou dans l'âge mûr qui sut observer les
suites, étudier les moyens, qui voulut
choisir, qui préféra le crime.

Mais la loi a toujours laissé quelque
latitude aux juges, qui, autrement, ne
seraient pas des juges ; et c'est pour
qu'ils atténuent la peine quand c'est
la faute d'un malheureux, et non le
crime d'un scélérat. Dans un pays simple, où la loi pourrait tout prévoir positivement, on n'établirait pas de juges.
Celui qui saurait lire, saurait assez, et
penserait assez pour trouver dans le livre
des lois le texte à appliquer. Ce ne serait
plus une fonction respectable ; on pourrait en charger le dernier des citoyens ;
un esclave pourrait la remplir. Là les délits étant simples comme les hommes et
les choses, l'équité ne serait pas blessée :
mais, parmi nous, elle le serait sans
cesse si les âges et les caractères étaient
toujours confondus ; si tant de faits disparates étaient assimilés indistincte-

ment ; si , pour abréger , on traitait de
la même manière ceux dont la conduite eut souvent des principes si différens.

Si les lois ne peuvent faire aimer
l'ordre sans être équitables , ramène-
ront-elles à la vertu si elles sont atroces ,
ou à la raison si elles sont bizarres ?
Si elles sont bizarres , on n'y verra que
les caprices des hommes ; on pourra
les craindre , mais on ne les respectera
pas , et dès-lors même on les craindra
moins. Si elles sont atroces, on y verra
le caractère de la passion , l'abus de la
force : comment serviront-elles à réprimer des passions semblables , et un
pareil abus de la force momentanée ?

C'est par la sagesse seule de leurs dispositions , que les législateurs entraîne-
ront les esprits ; c'est en leur montrant
non pas les règlemens d'une fantaisie locale, mais l'expression vraie et persuasive
des perpétuelles indications de la nature.

Difficilement on pourrait être parta-

gé sur ces questions ; mais on l'est
sur celles de la sévérité des peines.

Ici c'est l'intérêt personnel qui forme
en secret l'opinion de la plupart des
hommes. Celui qui jouit de la prospérité, et celui qui prétend la saisir,
veulent ordinairement une grande sévérité dans ces châtimens où ils voient
une protection de leurs propriétés et
de l'espèce de privilége de leur sort.
Ils ne craignent point d'être jamais at-
teints. Plus éloignés en effet des crimes
violens par la douceur de leurs mœurs
et la facilité de leur vie, ils espèrent
bien n'avoir jamais besoin de commettre
certains autres délits : ils oublient trop
que la probité, qui est un devoir pour
celui qui a de quoi vivre, est une vertu
dans l'indigence, et une haute vertu
au milieu de l'indigence de sa famille.
Quand on a beaucoup plus que de quoi
vivre, on compose hardiment avec la probité. L'argent ouvre bien des voies pour
gagner de l'or, non sans reproche, mais

sans danger. Dans la misère il n'y a point de composition : la longue patience et le travail, si on en trouve, ou l'échafaud. Ces différences assez marquées, mériteraient bien qu'on s'y arrêtât, et qu'on sentît quel avantage l'aisance accorde pour l'exacte observance des vertus communes. Tout attentat contre la propriété, est un véritable délit social ; c'est le premier pas qui mènerait enfin au renversement de la société elle-même, nul doute. Mais quand on s'indigne contre la populace, lorsqu'il arrive qu'elle fasse cause commune en quelque sorte avec un malheureux prévenu de vol, pourquoi ne pas avouer en même temps que ceux qui possèdent s'irritent souvent beaucoup trop contre des infidélités de peu de conséquence dans leur objet, qu'il faut réprimer, mais par lesquelles ils ne devraient pas laisser troubler le repos de l'abri où ils vivent ?

La nécessité de la promptitude du

jugement pour l'efficacité de l'exemple, a été prouvée par plusieurs écrivains, ou plutôt établie; car ce sont de ces matières où il suffit de dire la vérité pour la montrer incontestable. Pour qu'une peine, dit Beccaria, ne soit pas une violence d'un seul ou de plusieurs contre un citoyen, elle doit être publique, prompte, nécessaire, la moindre qui soit possible dans les circonstances données, proportionnée au délit, et fixée par la loi.

Une considération rend sacré ce principe qui n'était que légitime. Parmi les prévenus dont la justice est obligée de s'assurer, elle ne peut éviter toujours de livrer des innocens au malheur de la détention. Mais dédommage-t-elle d'une manière digne d'elle et de lui, cet innocent qu'elle confond long-temps, mais avec tant de regret, parmi les scélérats, et qu'elle plonge dans l'opprobre et les misères, en attendant le jour tardif où elle lui permettra de

prouver qu'il ne méritait que des hon-
neurs ? La société ne s'occupe pas de
semblables détails. Mais quand l'innocent malheureux a perdu sous les ver-
roux fétides son honneur, sa santé,
la prospérité de ses affaires et la can-
deur de sa vie, s'il parvient à prouver
qu'il n'a pas dû être accusé, le jour
le plus fortuné succède à ces jours de
larmes; on lui dit, vous pouvez vous
en aller. Il sort, plus indigné dans sa
liberté malheureuse, qu'il ne le fut de
son injuste misère : le froid sourire
répond seul à ses plaintes; et ses réclamations, vain courroux d'un homme
simple, se perdent ensuite dans le silence de la nécessité. Etonnante con-
dition des mortels ! Que du moins ces
jours de désespoir soient abrégés, et
que celui que sa conscience honore
quand les hommes le flétrissent, n'ait
pas long-temps à maudire, dans les
écarts de son ressentiment, et l'insuffisance de nos lois, et la misérable in-

certitude des apparences humaines !

Quand le bienfait de notre harmonie sociale se réduit à dire aux infortunés qui survivent à l'horreur des prisons : nous nous sommes trompés ; certes il est permis de réclamer du moins la promptitude des jugemens. Que de voix la solliciteraient ! Une voix universelle, si l'on écoutait toutes les familles qui ont dû quelques désastres à ces retards inévitables sans doute, mais prolongés avec une trop funeste indifférence.

Que d'amertumes longues, inutiles, injustes ! Dans l'enceinte sourde, entre ces murs, dont l'épaisseur suinte une humidité fétide, sous la voûte surbaissée où s'arrêtent ces vieilles vapeurs humaines épaissies et visibles, odeurs cadavéreuses de l'être encore vivant : là, vous êtes, ô malheureux ! qui n'avez jamais voulu, qui n'avez jamais imaginé le crime. Des documens misérables fournis par la bassesse stipendiée du dernier des hommes, les vues étroites de ceux

qu'il sert , des passions infâmes vous
y ont plongé ; la puissance de l'iniquité
vous y a mis , elle vous y retient , elle
vous y éteint : un jour celle de la justice s'appercevra de votre existence , et ,
s'il est assez tôt , vous obtiendrez.... de
sortir. Vous attendez. Attendez. Que
le temps est grand ! Après des jours
d'espérance , et des jours de patience ,
et des semaines de pleurs , l'étonnement
change , vos idées se concentrent , l'indignation vous creuse de nouvelles douleurs : les larmes amères sont taries ,
vos sens s'endorment , et toute votre
existence semble contenue dans des
pensers de sang. Epouvantable puissance
de l'homme sur l'homme ! Pour la des-
truction même la nature n'était pas
arrivée à ces tourmens. La gueule des
hyènes , le suc du mancenillier , la
lave des abîmes de feu , brisent , calci-
nent ou suffoquent ; c'est un moment
qui passe : la morale de l'homme a seule
trouvé de nous consumer pendant des

portions de siècle ; elle prolonge pour
l'innocence même , elle multiplie en
durée le supplice d'une volonté impuissante et d'une force inutile : c'est pour
le malheureux qu'elle sait retenir la vie
dans une lenteur sinistre ; c'est la vertu
qu'elle arrête dans l'immobilité froide ,
inconsolable ; elle la déconcerte , elle
la confond , elle l'étouffe sous ce désespoir et du temps et de l'avenir devenus fixes comme une éternité muette.

DE LA GARANTIE. 149
portions de siècle ; elle prolonge pour

~~~~~~

DE LA NATURE DES PEINES, ET EN PARTICULIER DE LA PEINE DE MORT.

Nos hideuses prisons, opprobre des sociétés, rendent désirable cette mort à laquelle la société condamne sans avoir jamais prouvé qu'elle en eût le droit. Et comment le prouver ? quand il est défendu à l'homme de se la donner lui-même ; quand il est évident que la sûreté du corps puissant ne peut exiger le sacrifice de l'existence d'un membre, à moins que des circonstances tout-à-fait particulières n'aient changé sa faiblesse individuelle en une force menaçante tirée d'une grande audace, aidée d'un très-grand nom. Il faut que l'individu soit en état de faire la guerre contre la société, pour que la société puisse se regarder comme étant en état de guerre contre lui : elle ne peut lui
~~~~~~

ôter la vie qu'en se constituant ainsi
son ennemi, qu'après avoir rempli les
formalités préalables du bannissement
perpétuel et de l'interdiction des droits
politiques et civils. Il doit être reconnu
que ce n'est point à l'existence d'un
de ses membres que la société attente;
que cette mort est celle d'un ennemi;
que c'est une mesure de guerre, et
non pas un assassinat.

Un citoyen romain ne pouvait être
condamné à la mort que par les comices
par centuries, c'est-à-dire en quelque
sorte par le peuple romain assemblé.
Voilà pour la sûreté individuelle : mais
cette mort dont le condamné ne peut
pas se plaindre en particulier, est-elle
la conséquence d'un droit légitime en
général ?

La société ne peut avoir ce droit de
mort contre un coupable ordinaire; car le
droit de guerre ne donne le droit de
mort que contre l'ennemi actuellement
dangereux. Quand le criminel est dans

les fers, il est comme le prisonnier de guerre qu'on a désarmé : on n'a plus de droit sur sa vie, parce que sa vie n'est plus dangereuse. Un grand conspirateur peut seul être condamné à la mort ; son existence fait craindre des soulèvemens funestes.

Nous nous arrêtons peu sur ces matières discutées avec profondeur par tant de publicistes, et qui n'appartiennent pas directement à notre objet. Il vaut mieux présenter des autorités compétentes. Les passages rapportés dans la note (*l*) rappelleront les opinions de diverses Cours de Justice invitées par le Gouvernement à les émettre avant la rédaction du code criminel.

Il s'en trouve qui, entraînées bien loin par le ressentiment du mal qu'on a fait, paraissent penser que la révolution en ayant été l'occasion, toutes les institutions de cette époque en ont été la cause, et qu'il faut revenir indistinctement aux lois contraires. Mais

la plupart, occupées davantage du soin
d'établir un ordre heureux et juste,
que de la manie de revenir aux anciennes habitudes, uniquement parce qu'elles
sont anciennes, cherchent le vrai, et
l'admettent là où elles le reconnaissent,
mal convaincues, ce semble, que les
plus beaux génies aient tous radoté.

Sans prétendre décider, nous nous
permettons quelques observations rapi-
des sur ce qui nous paraît dangereux
(voyez la note *l*). Peut-être il est par
tout pays des hommes qui, voyant le
plus grand nombre chercher à faire
agréer au Chef de l'Etat les soins auxquels ils se livrent, selon ses vues,
pour la chose publique, croient s'en
distinguer, et se faire remarquer plus
particulièrement, par la vaine montre
d'opinions que d'abord l'on croirait favorables au pouvoir d'un seul. Cette
coupable adulation obtiendrait en effet
quelques regards, et le mépris du Prince.
Nul ne sait mieux qu'un génie destiné

à gouverner, s'il est vrai que l'intérêt
de l'Etat et celui du Gouvernement ne
soient qu'une même chose, et si ceux
qui oublient leur pays pour caresser la
fortune de leur maître, sont capa-
bles de servir autre chose que leurs
propres intérêts.

Nous croyons que si la peine de
mort est adoptée, il conviendrait qu'elle
fût de deux espèces. Non assurément
que nous veuillons admettre ces supplices affreux, dans l'invention ou
l'exécution desquels les législateurs des
siècles passés, descendus au rang des
bourreaux, nous mettent dans l'impossibilité de les distinguer de la barbarie dont ils ne surent pas sortir : non
que nous desirions, avec un tribunal
(français du 19ᵉ siècle), *que le coupable
se sente, pour ainsi dire, périr plusieurs
fois par les angoisses d'une mort prolongée :* non que nous ignorions assez le
cœur humain pour n'être pas convaincus que des peines modérées, et jamais

plus sévères que la nécessité, soient les seules dont la justesse équitable puisse ramener les hommes à la justice; et que des peines atroces, en consacrant la cruauté, en la plaçant dans la loi, en la confondant avec l'ordre, ne soient jamais propres qu'à produire des hommes tremblans ou atroces, bassement serviles ou bassement cruels.

Mais puisque beaucoup d'hommes ne craignent pas la mort; puisqu'il est de la nature de l'homme de céder d'autant moins à cette crainte que son caractère est plus mâle et plus élevé; puisqu'il est de la nature de nos institutions, que dans une profession utile et respectable, on ne la redoute jamais, il faut qu'en général la mort du coupable soit infamante, afin que l'effet n'en soit pas perdu.

Cependant, il est des coupables qu'il serait injuste de diffamer, et que pourtant on croit nécessaire de détruire: établissez donc deux peines de mort;

l'une qui ôtera seulement la vie, quand cette vie, sans être souillée par des bassesses criminelles, sera devenue dangereuse dans l'État; l'autre, qui ôtera la vie et l'honneur à celui qui aura mérité la diffamation comme la mort.

Sera-ce de la même manière que vous punirez le traître qui vendit et livra l'armée de son pays, ou le jeune guerrier dont le zèle indocile la fit triompher, que l'on envoie à la mort parce qu'il faut maintenir la discipline, mais que les regrets de Rome toute entière immortalisent?

Et quand tous les criminels indistinctement mériteraient cette infamie, est-il en votre pouvoir de l'infliger? Parmi ces hommes, que dans tout pays on voulut avilir sous la main du bourreau, n'en est-il pas des milliers que le peuple justifie, que l'histoire honore, que la religion vénère, que quelquefois l'opinion divinise?

L'honneur est la partie la plus pré-

cieuse, la plus délicate, la plus fugi-
tive, mais aussi la plus indépendante
de la moralité, de l'existence humaine.
Vous direz vainement : j'honore celui-
ci, et je diffame celui-là ; ce que vous
aurez élevé, nous l'abaisserons, et nos
respects iront agrandir ce que vous
aurez en vain déclaré vil. Il n'est de
gloire ou d'opprobre que là où le veut
l'opinion. Faites-la vouloir ; mais par
des institutions profondément conçues,
et dont la prévoyante sagesse entraîne
et détermine les volontés ; et n'imagi-
nez jamais qu'il suffise d'une loi qui
prétende leur commander.

Que ferez-vous en attachant côte-à-
côte sur la charrette infâme et l'empoi-
sonneur justement exécré, et l'homme
d'honneur appelé en duel ; un brigand
surchargé de crimes, et un débiteur que
l'infortune rendit insolvable ? Vous con-
fondez toutes les notions, vous détrui-
sez l'effet si inconsidérément provoqué,
vous brisez le ressort toujours tendu,

vous forcez la conscience même à l'indifférence; vous faites de cette terrible
leçon de l'exposition un vain amuse-
ment pour la populace, une formalité
qui ne produira bientôt plus autre chose
que de détourner des chalands que les
baladins cherchaient à amasser auprès
de là d'une manière plus joyeuse.

Ce tact heureux d'une sensibilité ex-
quise, ce sentiment éminemment social, qui fonda nos cités en plaçant
l'homme sous la dépendance des hommes, l'honneur, cette fleur de la conscience, devait être religieusement respecté : nous devions le traiter avec des
ménagemens scrupuleux, l'atteindre à
peine, et conserver toute la puissance
de ce grand moyen pour faire de la diffamation la plus terrible des peines. Il
fallait que ce dernier degré parût le plus
extrême des malheurs, afin que tous
les autres degrés, dans l'honneur et
l'estime, conservassent ces proportions
graduées sur lesquelles sont fondées

tant de vertus dans la société. Cessez de
traiter l'homme comme les animaux
que le seul bâton subjugue, et qui ne
sont soumis à notre espèce que précisément parce qu'ils ne connaissent pas
d'autre mobile. Si l'homme ne savait
que craindre, il ne régnerait pas sur le
globe.

Connaissez mieux l'honneur. Enten-
dez cette grande pensée de la nature;
elle nous fit pour le beau. Mais vous
comprimez, vous étouffez dans la fange
cette céleste aspiration de l'ame. Sous
les plus légers prétextes, vous nous
courbez dans la honte et dans l'opprobre, et sans cesse vos maladresses nous
ôtent ces vertus nobles que vous deman-
diez de nous. L'on a déjà perdu beaucoup d'un honneur trop souvent attaqué : le public s'habitue à l'oublier, et
ne sait pas bien tout ce qu'il vaut,
lorsque la magistrature elle-même le
compromet si facilement, lorsqu'elle
semble n'en supposer, n'en recon-

naître presque jamais l'existence ; lorsque ses arrêts prononcent que le prix en est moins grand, moins réel que celui des richesses ou de la vie; lors même seulement, que trop peu de ménagemens dans les interpellations, et trop peu d'égards pour l'homme amené devant elle par le malheur aussi souvent que par le crime, annoncent assez que les mépris appartiennent autant aux misères qu'à l'immoralité, et qu'apparemment l'honneur est moins le droit de la vertu que le privilége des circonstances.

Si nous déplorons ces écarts dans des Magistrats établis pour réprimer tous les écarts, et cet oubli des vrais principes dans ceux dont les pouvoirs ne sont assis que sur ces mêmes principes, ce n'est pas que tant d'abus puissent jamais pervertir les lois morales, et changer l'homme. L'homme ne changera pas entièrement. Si l'homme moral pouvait être dénaturé, dès long-

temps l'aveuglement des formes con-
servatrices l'aurait détruit. Mais vous
resterez en lui, sainte Justice! sentiment nécessaire de cette équité éternelle, dont les lois balancent les êtres
et maintiennent le monde. L'honneur,
qui est la conscience de cette certitude,
s'est fixé dans toutes les têtes saines,
dans tous les cœurs encore justes; ces
mouvemens généreux et constans en-
traîneront toujours ce que des passions
lâches et perpétuellement contradic-
toires pourraient leur opposer. L'opinion, jusque dans les vicissitudes de
ses erreurs, restera plus sûre et plus
puissante que les juges et les lois qui
n'obéiraient pas comme elle aux vraies
lois, aux vrais principes du jugement,
à la nature des choses.

Par-tout où l'on voulut opposer aux
opinions, aux mœurs, aux dispositions
des peuples, des formes que leurs sensa-
tions repoussaient, ou des doctrines que
leur caractère improuvait, on s'éloigna du

but, on sacrifia vainement des hommes;
le seul résultat fut des victimes. Ce sont
ces infortunes particulières, mais mul-
tipliées, ces désastres inutiles dont il
est digne du siècle actuel d'interrompre
la longue et effroyable reproduction.
Un seul mot contient toute notre pensée. Régler les affections humaines,
c'est les suivre en les dirigeant, et non
pas affecter de les asservir.

CONSIDÉRATIONS GÉNÉRALES.

L'ENTIÈRE indépendance du pouvoir judiciaire est une garantie indispensable pour les individus formant la société. Cette Assemblée imposante qui réunissait toutes les lumières du temps le plus éclairé, les lumières acquises par tant de siècles, avait résolu ce grand problême en législation : la garantie des gouvernés. La partie de la division des pouvoirs qui concerne le pouvoir judiciaire était établie sur des bases fixes : ces bases paraissaient durables.

Si le Jury est aboli; si des juges, juges par état, et à la nomination du Gouvernement, exercent des pouvoirs vagues et indépendans des lois précises, où sera la garantie? N'est-il pas constant qu'un jugement inique, et qui se trouvera l'être jusqu'à l'évidence, n'en sera pas moins exécuté ? Quand il n'y a pas de prise à partie, comment blâmer même l'injustice la plus criante ?

Mais lorsque cette responsabilité envers le public ne subsiste pas, en existe-t-il une ombre du moins qui serve à rassurer quelques-uns ? Les Tribunaux justifient-ils devant le Gouvernement leurs décisions suspectes ? Ils ne doivent pas dépendre du Gouvernement ; mais s'ils en dépendent, est-ce d'une manière visible, connue, soumise à l'opinion, et qui puisse servir de garantie indirecte ? Non. Ils sont (et c'est du moins ce que l'on dira) à la disposition secrète et du Gouvernement et des particuliers corrupteurs.

Les jugemens sont publics, ainsi l'opinion peut les atteindre : l'opinion est indépendante, elle sera respectée. — Objection d'enfant, et que l'on ne pourrait écouter que dans un pays neuf, où l'histoire d'aucun peuple ne serait connue. L'opinion sera une barrière réelle, mais impuissante, un obstacle seulement; et cela seulement encore dans les grandes affaires qui éveilleront l'attention. Que d'injustices obscures peuvent faire le malheur des particuliers, sans que l'opinion s'en occupe! L'opinion conservera quelque force contre l'autorité dans les grandes occasions, aucune presque contre la corruption dans les causes ordinaires.

La sécurité publique demande impérieusement, que si le Jury est supprimé, (et même que par-tout où ce n'est pas le Jury qui décide) les raisons de conviction soient déterminées par une loi expresse, et que les juges puissent être pris à partie, en cas de prévarication vraie ou soupçonnée. Il en était bien ainsi du temps des parlemens.

Sans doute l'on n'obtiendra, par aucun moyen, une certitude entière, une invariable équité; mais l'on fera ce que l'homme peut faire: on sera juste même dans l'erreur; l'innocent, victime d'un

sort inévitable, n'accusera pas l'homme
du mal qu'il ne devra point à la volonté
perverse ou inconsidérée de l'homme,
mais à la seule faiblesse de l'esprit humain. L'innocent, pleinement justifié,
ne sera pas confondu avec le coupable,
que seulement l'on n'a pu convaincre.
Il ne restera aucune flétrissure quand
on n'en aura mérité aucune ; et si
des accusations perfides, ou seulement
fausses, ont précipité dans le malheur,
des dédommagemens seront accordés.
L'équité veut que le coupable, fortement
présumé tel, mais non légalement convaincu, ne soit ni condamné et puni,
ni entièrement élargi et rendu à la société, sans qu'on s'assure en aucune manière de sa conduite. Il sera donc envoyé sous la surveillance du Gouvernement. Alors il n'y aura plus d'inconvéniens à ce qu'on exige sévèrement une
preuve légale entière pour la condamnation.

S'il arrivait que tout fût méconnu,

que le Jury fût aboli, et qu'après ce
grand naufrage, la preuve légale ne
restât pas, dernière planche, soutien
faible si l'on veut, mais sacré par cela
même qu'il est faible étant le dernier ;
si la Cour de Cassation, par une suite
assez naturelle de ce système, se trouvait réunie au Conseil d'Etat : alors
demandez au ciel une succession de
bons princes, et abandonnez votre être
quand vous en aurez de mauvais.

Mais ces considérations seraient-elles
dirigées contre le Gouvernement ? —
Non : elles sont favorables aux Gouvernemens. Elles sont conformes à cette
politique assez simple des princes qui
se réservent le droit de faire grâce, et
le réunissent à l'avantage de disposer
des places, des distinctions, de toutes
les faveurs publiques ; laissant à des
tribunaux, bien distincts de leur autorité, la fonction triste et trop facilement odieuse de décerner des châtimens ; conservant ainsi tout ce qui fait

des partisans et des amis, éloignant
d'eux ce qui irrite ou ne fait sentir l'infériorité que par la crainte ; appelant
auprès d'eux toutes les affections des
peuples, et repoussant, avec une prudente sagesse, des moyens un peu dé-
licats et toujours suspects, d'obtenir la
tranquillité publique. Il faut bien peut-
être employer ces moyens ; mais à quoi
servirait d'en montrer maladroitement
les ressorts, et de dire : Ils sont dans
ma main, dans cette main que vous
aimiez ?

C'est à la liberté civile que s'atta-
chent les intérêts de la vie personnelle.
La passion des âmes fortes ou les systèmes des penseurs voulurent une liberté politique ; et ces grands besoins
agitèrent le monde : mais le commun
des hommes a ses affaires. Dans son
cabinet, sa campagne, son comptoir
ou son atelier, jusque sous les tentes,
l'homme privé demande avant tout la
liberté de la vie privée. Il veut que sa

sûreté soit maintenue, et que sa vie do-
mestique, déjà si difficile, ne soit point
troublée par des alarmes extérieures, ou
compromise par des apparences sur lesquelles on déciderait arbitrairement.

Cette disposition des esprits est la
plus heureuse que l'on puisse imaginer.
C'est le maintien de la tranquillité dans
l'Etat; et, pour le dire rapidement, la
politique, comme le peuple, peut voir
dans le Pouvoir Judiciaire, sagement
organisé, un véritable Sénat-Conser-
vateur.

Qu'il soit indépendant, afin qu'il
puisse être juste; qu'il soit délivré, autant qu'il est possible, de toute responsabilité, afin qu'on le croie toujours
juste; et que de plus il soit auguste
comme les fonctions souveraines qu'il
remplit.

Vous que la France aura chargés de la
rédaction du Code Criminel; vous qui
allez influer si puissamment sur le sort
d'un grand nombre d'hommes dans une

suite de générations ; en vain , peut-être, obéiriez-vous religieusement à ces lois irrévocables que vous ne pouvez méconnaître , dont la volonté publique vous impose l'honorable joug, dont il vous sera demandé dans l'avenir un compte sévère ; en vain travailleriez-vous , dans une prudence scrupuleuse , ces parties essentielles de votre grand ouvrage ; en vain cette sagesse serait non-seulement profonde , mais encore visible à tous ; vainement même , des choix heureux donneraient une longue succession de ces juges , de ces hommes qui , malgré vos précautions les plus exactes , seront encore établis parmi nous *pour la ruine ou le salut de plusieurs* : et la perfection de vos lois , et l'intégrité des juges , et la visible équité des jugemens, n'appelleront que lentement les respects publics. L'opinion est sûre , mais elle est lente. Pour hâter cette vénération qui tranquillisera les justiciables, qui affermira les pouvoirs , donnez à la Magis—

trature un caractère de grandeur et de
solennité. Que les hommes pour qui
s'ouvrent les voies du crime, admirent
ce qu'ils doivent redouter! La confiance du peuple devancera son estime
tardive; et quand l'austère épreuve du
temps n'aura point flétri ces Corps augustes et imposans, alors cette estime
sera de la vénération. Qui n'a pas ap-
pris que la foule vénère difficilement
ce qui ne l'a point étonnée, qu'elle n'est
étonnée que par les yeux, qu'elle n'ad-
mire que les choses pompeuses, et ne
connaît d'autre majesté que la magnifi-
cence qui fait spectacle; que l'on ne
saurait espérer d'intéresser sa raison ou
de fixer ses attachemens, si l'on n'a
commencé par avertir ses sens, et que
des fibres un peu rebelles demandent à
être remuées fortement par l'éloquence
populaire, l'éloquence des choses!

N O T E S.

—

(*a*) LE commentateur des Ordonnances Criminelles, Bornier, dit : Quand le juge aurait vu commettre le crime, s'il n'y a point d'autre preuve que sa science, il ne peut condamner l'accusé, d'autant que bien que les lois donnent beaucoup de pouvoir et d'autorité aux juges, elles veulent pourtant qu'ils jugent *secundùm acta et probata*. Quoiqu'il ait été communiqué aux juges une partie de l'autorité souveraine, il ne leur a pas été donné celle de déroger aux lois qui ordonnent aux juges *publicis documentis, allegatis et probatis fidem adhiberé*. C'est pour ce sujet que St-Ambroise, sur le psaume 118, dit une chose fort utile aux juges : *Judex nihil ex arbitrio suo facit, sed juxta leges et jura*

*pronuntiat ; satis enim juri obtemperat
qui non indulget propriæ voluntati, nihil
paratum et meditatum domo adfert, sed
sicut audit ita judicat.*

Selon M. Muyard de Vouglans,
le juge qui aurait vu commettre un
crime serait obligé de juger contre ses
propres lumières et de se conformer aux
dépositions des témoins, suivant la
maxime, *judex debet judicare secundùm
allegata et probata*; parce qu'autrement
il ferait en même temps les fonctions
de juge et de témoin : ce qui est absolument incompatible. Ainsi il paraît que
dans ce cas, pour sauver l'innocence,
il serait de son devoir de se départir
de son office de juge pour servir de
témoin.

(*b*) Législateur, porteur ou procla-
mateur de lois, de *Lex* et de *Ferre*,
lator legis. Cette acception des mots,
législateur, législation, est déterminée ;
elle n'est ni équivoque, ni incertaine.
La loi n'est donc qu'un développement
de principes naturels, une expression

convenue par les hommes, de la justice
indépendante d'eux. Le législateur ne
fait que porter, proclamer cette expression particulière des lois éternelles.

(*c*) *Des réputations , on ne sait pas
pourquoi.*

Voici Bentham dans Dumont. Pour
prouver qu'il n'entend pas, il n'est pas
besoin de le démontrer, il suffirait de
transcrire. *Montesquieu..... procède de
métaphore en métaphore ; il rapproche
les objets les plus disparates , la divinité,
le monde matériel , les intelligences su-
périeures , les bêtes et les hommes. On ap-
prend enfin que les lois sont des rapports
et des rapports éternels. Ainsi la définition est plus obscure que la chose à défi-
nir. Le mot loi, dans le sens propre , fait
naître une idée passablement claire dans
tous les esprits : le mot rapport n'en fait
naître aucune. Le mot loi , dans le sens
figuré , ne produit que des équivoques.*
Ainsi M. Bentham ne voit pas , ou ne
veut pas voir, que Montesquieu parle
de la loi essentielle , quand lui n'entend

que la loi positive. *On s'est creusé l'esprit pour chercher des mystères métaphysiques où il n'y en a point. Suivre des rapports et confondre des rapports, c'est ce que je n'entends point du tout. Ces termes abstraits n'excitent en moi aucune idée, ne réveillent aucun sentiment. Je suis d'une indifférence absolue sur les rapports.*

Ceci n'est que ridicule; ce qui suit va plus loin.

Rousseau n'a pas été content de cette définition de Montesquieu, il a donné la sienne : la loi est l'expression de la volonté générale. Il a supprimé par ce décret suprême toutes les lois existantes. Il a frappé de nullité toutes celles qui se feront dans la suite chez tous les peuples du monde, excepté peut-être dans la république de Saint-Marin.

Le Contrat Social de Rousseau est également fictif. Quelles sont les clauses de cette convention universelle? dans quelle langue est-elle rédigée?

Rien de plus commun que de dire : La raison veut : La raison éternelle pres-

*crit, etc. Mais qu'est-ce que cette raison ?
si ce n'est pas la vue distincte d'un bien ou
d'un mal.* C'est effectivement cette vue;
mais cette vue est l'effet des *Rapports* de
Montesquieu; c'est le principe du *Contrat* de J. J. Se conçoit-il qu'on n'ait pas
entendu cela? N'est-il pas plus présumable qu'on l'entend fort bien, et qu'on
le dissimule, parce qu'il faut établir que
tout arrêt reçoit du pouvoir seul une
sanction légitime ?

Ces principes s'établissent hautement,
mais assez loin des profanes ; et ceux
que les conséquences intéressaient le
plus, sont ceux qui à peine en sont avertis. On les propage de cette manière,
et ils deviendraient reçus avant que
l'opinion les eût jugés. Il est bon d'en
donner au public une idée moins savante, et qu'il lui sera commode de
trouver sans recherches. Cette lumière
très-nouvelle va, dit-on, l'éclairer enfin :
les résultats en seront supérieurs à
toutes ces conceptions surannées des
peuples qui dans l'enfance de la raison
crurent à une justice réelle. On ne
saurait dès-lors la connaître trop-tôt ;

en voici les rayons les plus purs. D'heureux adeptes les transmettraient mieux;
mais comme ils parleraient fort peu
des conséquences, essayons de les remplacer.

Bentham et ses commentateurs di-
sent : *Montesquieu a laissé la route encombrée de débris et d'écueils ; Beccaria
fut philosophe ; Rousseau, dans des abstractions sociales, oublia la raison ; notre
théorie seule est une suite d'idées simples
toutes puisées dans le cœur de l'homme.*
C'est aux juristes à faire les lois , *et le
Ministre d'Etat le plus ignorant de nos
jours composerait un systéme de législation bien supérieur à ceux de Numa et
de Mahomet. La loi de la nature n'est
qu'une fiction : il n'y a point de droit.
Celui-là sera législateur qui aura le
pouvoir de l'être ; et ce qui lui plaira,
sera loi. La loi est l'expression de sa
volonté. Dès qu'elle est loi , elle est
bonne.* Les tables de Sylla furent sacrées
pour Rome, comme les lois attribuées
à Numa ; la volonté irréfléchie d'Au-
rengzeb était juste, comme les dispositions les plus estimées des codes de

Frédérick ou de Catherine. Le Vieux de la Montagne fut un grand législateur; les expressions de sa volonté furent des lois très-énergiques : et comme le droit naturel est une insigne chimère, les assassins qu'il envoyait *suivaient des idées très-simples de la sagesse de la raison qui s'exprimait... sans abstractions sociales. La loi est un acte...., qui donne des droits et qui établit des devoirs.* Ainsi elle n'est fondée sur rien; car si elle était fondée sur quelque chose, ce serait apparemment, selon nous, *sur l'utilité de chacun et de tous :* mais alors cette utilité serait le droit de chacun, et les actes propres à concilier l'utilité des uns avec l'utilité des autres seraient des devoirs; car nous avons dit que *tout ce qui est utile est droit ou devoir.* Donc quoique la loi ne subsiste que d'après l'utilité, les droits et les devoirs, qui sont l'utilité, ne subsistent que par la loi. Voilà des idées *simples*, où il y a autant de *suite* que dans le chaos. Mais quand le cardinal de Lorraine disait à Fontaine-

bleau (1) : Quiconque mendiera le paye-
ment de sa pension sera pendu dans
les vingt-quatre heures, il parlait sans
abstractions, et il prenait le moyen que
la route ne fût pas *encombrée*.

Notre *principe n'est pas scientifique*,
mais il est fécond. S'il n'y a point de
loi primitive, il n'y a point de justice
naturelle ; s'il n'y a point de justice,
il n'y a point de conscience ; et s'il n'y
a ni justice ni droit naturel, il n'y a

---

(1) Le cardinal de Lorraine se trouvant impor-
tuné des sollicitations de veuves d'officiers tués
qui demandaient quelques petites pensions pour
subsister, fit publier, à son de trompe, pour
se délivrer de ces mendians, que tous ceux
qui étaient venus à Fontainebleau pour demander quelque chose, eussent à se retirer
dans vingt-quatre heures, sous peine d'être
pendus à un gibet qu'il fit dresser devant le
château.

Essais historiques sur Paris, Sainte-Foix,
Historiographe, pag. 309 du tom. I., Paris
1778.

Voyez aussi dans *l'Esprit de la Ligue*,
Anquetil, liv. 1.

point de parité de droits entre les
hommes. Ainsi sera-t-il dans la jurisprudence criminelle : nous supprime-
rons les Jurés soi-disant pairs de l'accusé, et décidant dans la soi-disant
conscience; tandis que nos idées *claires*,
et *prises dans le cœur de l'homme*, établissent que les hommes n'ont point
de pairs, et que l'homme n'a point de
conscience. De plus nous donnerons aux
juges des attributions vagues, des pouvoirs arbitraires, attendu qu'une loi
quelconque étant bonne, pourvu qu'elle
ait nom, et sur-tout puissance de loi,
le juge pourra juger comme il voudra,
ou comme on lui dira de vouloir : il
suffit aussi que son arrêt soit *l'expression de sa volonté* (1). Pour peu que
nous rencontrions des hommes *simples*
comme nos *idées*, nous aurons rangé
les *lois de la nature* parmi les *fictions*.

______

(1) Le despotisme osa dire autrefois, que
la volonté du législateur est la seule règle de
la législation, et l'ignorance le crut!

Gaëtano Filangieri, ch. 3 du liv. I, *de la
Science de la Législation*.

D'autres diront que nous sommes révol-
tans; mais un sentiment n'est pas une
démonstration : ils prouveront que nous
sommes insensés ; mais nous avons déjà
dit que notre maître était plus simple
que Rousseau, Beccaria, Montesquieu;
assertion que nous allons continuer de
justifier.

*Le sens de ces expressions (lois na-
turelles , droit naturel) ne peut rien
avoir de vrai qu'autant qu'on entendra
par elles , les inclinations générales des
hommes (c'est aussi ce qu'on entend),
qui paraissent exister indépendamment
des sociétés , et qui ont précédé dans
son cœur l'établissement des lois politiques et civiles.* Effectivement ces inclinations existent indépendamment des
sociétés ; elles ont précédé l'établissement des lois positives.

*Ainsi le sens exact du mot loi, est
l'expression de la volonté du législateur;
la loi de la nature n'est qu'une fiction.*
Voilà une conséquence inexplicable, et
qu'on eût difficilement rencontrée. L'on
eût dit au contraire : La loi est donc
un moyen jugé convenable de diriger

les inclinations particulières de manière
qu'elles puissent se concilier et produire
des résultats conformes au but naturel
de ces inclinations. Et Leibnitz avait
dit dans ses *Essais sur l'Entendement
humain* : Quoique les règles morales ne
soient pas innées positivement, elles
sont essentiellement en nous dans le
principe ; ce sont les conséquences bien
directes d'instincts qui furent donnés
pour notre conservation.

La nature n'est pas un être auquel
on puisse attribuer telle ou telle disposition. Raisonnement aussi inconcevable que la conséquence qui l'a précédé.
Ainsi, parce que la nature n'est pas un
être, les dispositions de l'ordre naturel
sont chimériques. Parce que la nature
n'est pas un être qui nous ait fait des
oreilles en nous disant, écoutez, nos
oreilles ne sont pas disposées pour que
nous entendions, elles ne nous donnent
pas le droit d'entendre. La nature n'est
pas un être, ainsi la loi de la nature
n'est qu'une fiction ! Quand on raisonne
ainsi, l'on fait bien de commencer par
insinuer que Montesquieu, Beccaria et

Rousseau firent peu ou mal, et que ce qu'on va dire sera tel qu'on *dirait entendre la sagesse de la raison s'exprimer.* Parce que *la nature n'est pas un être*, *le sens exact du mot loi est l'expression de la volonté du législateur.* Ainsi parce que la nature n'est pas un être, c'est la volonté du géomètre qui a fait le rapport de la circonférence au diamètre ; ou parce que la nature n'est pas une substance, l'homme n'a pas le droit de vivre de son travail, ou d'être libre quand sa liberté n'attaque personne.

C'est pour assurer l'exercice des moyens et des facultés de l'homme que des droits ont été établis, et qu'ils ont été réglés par des lois. Voilà donc la base des lois ; et si *l'expression de la volonté du législateur* ne tend pas à ce but, elle n'est pas vraiment une loi. Ensuite on définit la faculté, *la chose garantie.* J'ignore comment on assure l'exercice d'une chose : tout cela ne se trouve en effet ni dans Montesquieu, ni dans Beccaria, ni dans Rousseau.

La poursuite du bonheur est certainement un penchant naturel. Les lois écrites

qui suivent et dirigent ce penchant, sont
donc autre chose que l'expression de la
volonté du législateur. *Mais on ne peut
déclarer que ce soit un droit : car un
penchant mauvais peut faire chercher le
bonheur dans le mal d'un autre ou dans
celui de la communauté.* Ce qui veut dire
que je n'ai pas droit de manger, parce
que si je mange trop, j'aurai une in-
digestion ; que je n'ai pas droit de marcher, parce que si je marche mal, je
heurterai les passans.

Ensuite on dit tout ce que fit cette
nature qui *n'est pas un être auquel on
puisse attribuer telle ou telle disposition,*
et qui *donna*, qui *plaça*, qui *varia*,
qui *offrit*, qui *semble avoir condamné*,
qui *différencia*, etc. Puis on rapporte de
Montesquieu une définition admira-
ble qu'on ne comprend pas, et une
de Rousseau qu'on cherche à rendre
odieuse parce qu'on la comprend : puis
on en donne une très-fausse et évidemment contradictoire.

Voici les trois définitions.

*Les lois sont des rapports, et des rap-
ports nécessaires.* Montesquieu.

La loi est l'expression de la volonté générale. Rousseau.

La loi est un acte fondé sur l'utilité de chacun et de tous, qui donne des droits et établit des devoirs. Bentham.

La première est profonde ; c'est une conception universelle ; c'est la définition donnée par un homme qui était fait pour entendre le principe des lois politiques.

La seconde est exacte ; c'est une conception utile ; c'est la définition donnée par un homme qui était fait pour ordonner les institutions d'une Cité.

La troisième....

(*d*) A Rome, les juges *choisis par les parties* prononçaient que l'accusé était coupable, et la peine se trouvait dans la loi. *Montesquieu.*

Le problême à résoudre est de trouver un mode qui garantisse également et la sûreté publique et la sûreté individuelle. Dans l'impossibilité d'atteindre cette exactitude, c'est l'accusé sur-tout que l'on doit garantir. La raison en est simple ; il n'y a de danger pour la so-

ciété que dans quelques-unes de ses
parties ; mais chez l'accusé , c'est tout
son être qui est en péril. Si l'on cherchait à faire pencher la balance du côté
contraire , il y aurait dans les choses
injustice d'inégalité , comme il y aurait
contre les personnes abus de pouvoir.

(*e*) Un grand nombre de traditions
avaient été confondues dans celle qui
concerne Hermès , en sorte qu'il a paru
un personnage ou chimérique , ou al-
légorique , ce qui est la même chose en
un sens. Thot , Mercure , et même
Teutatès , ne sont peut-être qu'Hermès. Mercure n'indique qu'une chose
nouvelle apportée ou communiquée ;
et cette connaissance transmise ou neuve
paraît avoir été celle des astres. Selon
Jablonski , Thot n'est qu'une colonne
élevée pour conserver des renseigne-
mens, des préceptes , ou la mémoire
des événemens , par le moyen , je crois ,
des caractères Tropiques. La dénomina-
tion de Trismégiste n'annonce qu'un
ministre de Saturne ; on peut conjecturer que Saturne régnant ailleurs ,

envoya Hermès pour fonder une colo-
nie, ou pour civiliser l'Egypte habitable.
Peut-être même le Theut des Gaules,
cette divinité Celtique dont tous les
arts tiraient leur origine, est-il le même
que Thot ou Hermès. La conformité
des noms et celle des attributs balance
les raisons tirées de la distance des lieux,
et de celle, moins grande, ce semble,
entre l'esprit et les opinions des peuples
Egyptiens et Celtes.

Mais enfin c'est une tradition constante qu'un puissant génie donna des
institutions à l'Egypte. Ces institutions
paraissent avoir eu un caractère déterminé; et c'est ce qui fait les véritables
institutions. Il serait difficile de contester la grandeur et la durée de celles
de l'Egypte. La Grèce y reconnaissait
une sagesse profonde; et l'Europe, instruite par Rome à imiter les Grecs, est
encore couverte de ces débris Isiaques.

Sans vouloir donc prendre parti sur
la question obscure de l'existence de ce
personnage, que les Grecs nommèrent
Hermès, je regarde comme suffisamment vraisemblable celle d'un grand

législateur, l'égal au moins des Zerdust, des Moïse, des Manco, et celui de tous dont le génie paraît avoir eu le plus d'influence sur les siècles connus dans nos histoires. C'est ce législateur quelconque, qui est désigné ici par le nom d'Hermès.

Un véritable législateur, tel qu'il était naturel qu'il y en eût alors, tel qu'il est difficile, à la vérité, qu'il y en ait maintenant; un véritable législateur ne fait pas des réglemens, n'imagine pas des correctifs, ne réforme pas des abus, il n'arrange pas des petits intérêts, il ne concilie pas des difficultés locales; il fait un Peuple. Si l'acception triviale du mot instituteur n'avait pas abaissé cette expression seule convenable, les hommes qui font *vingt mille* lois seraient de grands législateurs; Hermès, Moïse, Lycurgue, Odin, seraient les instituteurs des peuples. Le génie du législateur consiste, non pas à rendre sa nation l'ennemie du monde, mais à la séparer du reste du monde; à lui imprimer un caractère déterminé et distinct, en sorte que

chaque particulier soit une partie essentiellement unie au corps, et n'appar-
tienne pas moins à la cité qu'à l'espèce
humaine. On pouvait se proposer une
fin différente de celle de Lycurgue, et
même une meilleure : mais quelle énergie dans l'exécution, quelle vérité dans
les moyens, quel ensemble dans les résultats ! Le premier des Zoroastres paraît avoir mieux vu, et aussi bien fait.
Moïse fut bien grand dans sa manière,
et si la race qu'il réhabilita ne fut jamais une race généreuse, qu'on se sou-
vienne qu'il fallut la ressusciter de
la dernière fange des sociétés vieillies.
On peut dire d'Odin comme de Lycurgue, qu'il fit ce qu'il eût fallu pour
obtenir un résultat impérissable, s'il se
fût proposé la vraie fin de l'ordre social,
et non pas seulement la force pour
maintenir un ordre et une liberté quelconque ; s'il eût agi sur l'homme moral
tout entier, et non pas sur un seul penchant de l'homme.

Dans l'espèce d'uniformité où nous
amenèrent naturellement les progrès de
la population, l'objet actuel de la ma-

vigation et du commerce, l'imprimerie
et l'ancienneté des arts, on avoue que
des institutions grandes et caractérisées
paraîtraient romanesques, et seraient
même chimériques, à moins qu'elles ne
fussent favorisées par des circonstances
rares et habilement saisies. Mais du
moins nous ne voyons rien, dans l'état
présent des grandes sociétés, qui s'oppose au maintien du Jury, puisqu'il
fut établi chez tant de peuples de
mœurs analogues aux nôtres, dans des
républiques actives et florissantes, et
dans de vastes états soumis à l'unité de
pouvoir.

(*f*) « Souvent on a vu les empiéta-
tions sur le pouvoir judiciaire exciter
des troubles et des séditions. C'est ainsi
que l'influence dont Tarquin le Superbe
voulut s'arroger l'exercice dans les jugemens criminels, fut l'une des principales causes de sa chute. C'est ainsi
que le jugement inique porté contre la
fille de Virginius, détruisit en un ins-
tant la puissance colossale des Décem-
virs ; mais il n'est pas d'exemple que la

justice criminelle ait occasionné le plus
léger trouble quand elle a été adminis-
trée à l'aide du Jury.

» Les nombreux avantages du Jury
n'ont point échappé aux hommes de
génie qui se sont utilement occupés du
bonheur de leurs semblables. J'ai dit
que Solon introduisit cette institution
à Athènes; Périclès la modifia; elle
fut professée par Aristote; Démos-
thènes, Lysias et tous les grands orateurs la célébrèrent dans leurs haran-
gues. A Rome, cette institution obtint
les suffrages unanimes des jurascon-
sultes et des hommes d'Etat; ils ne furent divisés que sur le point de savoir
si les jurés, *judices*, seraient pris dans
l'ordre des sénateurs exclusivement,
ou dans celui des chevaliers, ou dans
les trois ordres. Les fils de Cornélie,
Servilius Cœpio, Plantus Sylvanus,
Marius, Sylla, Cicéron, le grand
Pompée et le premier des Césars, pri-
rent parti dans cette discussion; mais
ils se réunirent tous pour consacrer les
principes de l'institution. En Angleterre le grand Alfred, Jean premier,

et Henri III, Edouard premier sur-
nommé le Justinien anglais, se sont
immortalisés, les uns en adoptant, les
autres en perfectionnant le Jury. A tous
ces grands noms, je pourrais joindre
encore ceux des législateurs des Etats-
Unis, ceux des philosophes, des publicistes les plus chers à l'humanité,
qui n'ont rien oublié pour propager
cette salutaire institution. Certes, je
ne crois pas qu'on ose établir un paral-
lèle entre ces hommes célèbres et ceux
qui ont attaqué ou détruit le Jury sur
une partie du globe; on sait que les
trente tyrans d'Athènes ne le sus-
pendirent que pendant huit mois, et
que dans ce court intervalle ils firent
massacrer plus de citoyens pour assou-
vir leur ressentiment, que les ennemis
n'en avaient tué durant trente ans
de guerre. On sait qu'en Angleterre
Henri IV, Henri VII, Henri VIII,
Jacques I, Charles I, Charles II, payè-
rent bien chèrement les attaques infructueuses qu'ils dirigèrent contre cette
institution. Je laisse aux dépréciateurs
du Jury, le soin d'exhumer les noms

des despotes qui l'ont anéantie dans la
Grèce, dans l'Italie, dans les Gaules :
mais il me semble que le seul rappro-
chement des noms de ceux qui ont créé
et de ceux qui ont détruit le Jury, suffirait pour faire conserver cette institution dans les pays où elle existe encore.
Les législateurs frappés du contraste que
présenteraient ces deux listes, s'em-
presseraient de s'inscrire parmi les
hommes qui se sont illustrés en établissant ou en perfectionnant cette institution.

» Mais une fatale présomption rend
trop souvent infructueuses les leçons
de l'histoire; nous sommes bien plus
disposés à fronder les anciens qu'à
imiter ce qu'ils avaient imaginé de
grand, d'utile et de beau....

» On a, depuis quelque temps, répandu le bruit que les Anglais, mécontens du Jury, l'auraient déjà anéanti,
s'ils n'eussent craint que cette supres-
sion ne devînt le prétexte d'une crise
politique : on a même ajouté que l'un
de leurs plus grands orateurs, Erskine,
dans son dernier voyage à Paris, a ex-

primé le plus grand mépris pour cette
institution.... Défions – nous de ces
insinuations dangereuses : j'oppose à
ces vains propos les ouvrages des publicistes les plus célèbres, des jurisconsultes les plus distingués des trois royau-
mes qui ont exalté le Jury jusqu'à l'enthousiasme. J'oppose encore les témoignages de tous les Français qui ont sé-
journé assez long-temps en Angleterre
pour étudier l'esprit public. Erskine,
m'a t'on dit, s'est plaint de la trop
grande influence que le grand Juge
exerce quelquefois sur le Jury. Mais
comment aurait-il témoigné du mépris
pour l'institution, lui qui l'a constamment défendue et célébrée dans ses
écrits ?

» .... Les bases du Jury dérivent des
principes élémentaires d'une bonne organisation sociale.... Cela explique très-
bien la raison pour laquelle le *Discate-
rion* des Athéniens, les *Judices* des
Romains, le *Nembda* des Goths, le
Sandemond des Danois, les *Raithim-
burgs* des Francs et des autres peuples
du Nord, le *Jury* des modernes, furent

établis sur des bases uniformes et avec les mêmes attributions, » *pages* 5, 6, 7, *et pag.* 58-61 *de l'excellent Mémoire lu dans la séance générale de l'Académie de Législation, par M. Bourguignon, faisant suite à un autre Mémoire, également rempli de vues utiles et saines, couronné par l'Institut, en germinal an* 10.

Dans ce dernier mémoire sur la question : *Quels sont les moyens de perfectionner en France l'institution du Jury*, on admet une double récusation ; elle me paraît superflue et dès-lors vicieuse. La garantie de l'accusé consiste dans le droit de récuser une partie des jurés ; il est bon qu'il le fasse péremptoirement et sans énoncer des motifs, comme le pense fort justement M. Bourguignon ; mais le Ministère Public n'a pas besoin d'une garantie semblable ; la sienne doit être dans le mode d'élection ; et si ce mode est insuffisant, il faut le perfectionner. Le souverain a déterminé ce mode par la loi : le souverain (et ici le Ministère Public n'est pas autre chose) n'a pas besoin d'exception accidentelle à ce qu'il a établi lui-même.

S'il récuse des jurés, il faut que ce soit pour des motifs déterminés par une loi positive. C'est à l'accusé seul qu'il appartient de récuser un certain nombre de jurés, n'importe par quels motifs, et uniquement parce que cela lui convient.

A Rome, l'accusateur partageait avec l'accusé le droit de récusation. Mais dans Rome, avant les Césars, le Ministère Public était moins opposé aux accusés : ces hommes libres voyaient dans l'accusateur un concitoyen plus encore qu'un adversaire ; ils savaient qu'il ne pouvait être contre eux l'agent d'un maître.

A Rome, alors, on ne voyait pas un très-petit nombre d'hommes étrangers aux intérêts des justiciables, soumis par leurs propres intérêts à des influences contraires, endurcis par l'habitude devenue métier ; on ne les voyait pas décider absolument, et cela jusque dans des causes où ils auraient pu se trouver très-justement suspects. Lors même que le jugement était porté par un Tribunal, on appelait du décret

du préteur aux Tribus ou aux Comices
par Centuries, selon les cas.

En général les peines étaient déterminées par la loi; mais les comices con-
naissaient de la vérité du fait. Le jugement des crimes capitaux, et ensuite
de divers autres délits, était réservé à
un Tribunal particulier. Ce jugement
était porté par des jurés, *judices*; le
préteur et le questeur ne votaient point
dans le jugement. Ils présidaient seulement, ils dirigeaient la discussion;
et les juges nommés expressément pour
la circonstance présente, étaient des
jurés désignés par le sort et par le con-
sentement des parties : le prévenu les
récusait avec la latitude la plus grande,
dans un nombre de 450 citoyens probes,
désignés chaque année par le préteur.

Pendant long-temps, il est vrai, les
jurés, *judices*, ne furent pris que dans
l'un ou dans l'autre des deux ordres,
celui des sénateurs ou celui des chevaliers, ou dans tous les deux : mais plus
tard ils furent enfin pris indistinctement
et dans ces deux ordres, et dans le
corps des plébéiens.

Quelquefois l'accusateur et l'accusé
pouvaient non-seulement nommer leurs
juges, mais même les choisir dans tout
le peuple, et sans avoir égard à la liste
faite par le préteur.

En Angleterre, les prévenus de conspiration contre l'Etat, bien loin d'être
traités plus durement, sont jugés avec
des précautions scrupuleuses; et l'innocent accusé de ce premier des délits
obtient une garantie bien plus grande.
C'est là où l'on pourrait faire beaucoup
plus pour le perdre, que la loi a voulu
faire plus aussi pour le sauver.

(*g*) Le Jury est imparfait en France :
donc il faut l'abolir. — Pourquoi ne le
pas perfectionner ?

Le Jury écoutera des préventions favorables ou contraires à telle ou telle
classe de la société. — Composez-le
d'hommes pris dans les diverses classes principales. Ce sont des motifs
pour faire proposer des améliorations,
mais non l'abolition.

Si nos mœurs ont peu d'analogie avec
celles des Grecs, des Romains et de

deux grands peuples modernes, c'est peut-être tant pis pour nos mœurs. Et comme ce sont les institutions qui font les mœurs, nous ne rendrons pas nos mœurs plus grandes en rapetissant nos institutions.

Le rétablissement des écoles de droit s'oppose à la conservation du Jury.—Je ne sais si ces deux établissemens sont inconciliables. Mais, dans cette supposition même, difficilement on pourrait convenir qu'il fallût abroger une loi importante et constitutive, abolir une institution essentielle, parce que, depuis, il s'est passé quelque chose qui paraîtrait contredire ces dispositions d'un ordre bien plus général.

Les jurés peuvent être séduits. — Mais les juges peuvent être, et séduits, et corrompus.

Enfin les jurés manquent de lumières. — Cette objection serait très-forte, si les jurés n'étaient éclairés par rien d'étranger à leurs propres connaissances ; ils n'ont point la science des lois. Mais ils ne décident qu'après avoir entendu discuter l'affaire par des jurisconsultes,

par le procureur impérial et par les avocats. Ainsi, quoique le Jury manque
d'instruction générale lorsqu'il s'assem-
ble, il a reçu toute celle qui lui était
nécessaire dans la circonstance lorsqu'il
prononce. On sait que beaucoup de
choses peuvent être très-bien conduites
quoiqu'on ne les connaisse pas par soi-
même. Souvent il suffit d'entendre les
avis contraires exposés par des hommes
instruits, et d'avoir une tête saine, et
sur-tout une volonté impartiale. Or, le
Jury est composé d'hommes de sens,
que rien que l'on doive prévoir ne peut
passionner, et qui seraient bien plus
difficilement corrompus que des juges.
Il ne prononce qu'après avoir entendu
des hommes qui ont approfondi l'étude
des lois.

Il n'est donc rien moins qu'exact de
dire que l'étude des lois est inutile quand
le Jury existe, et qu'il faut renverser
tout le système de législation criminelle, parce qu'on vient de rétablir
l'étude du droit.

(*h*) » Oserait-on, disait en 1786 l'avocat-général Seguier, donner à un magistrat le conseil de prendre sa conscience pour juge entre lui et la loi ; le conseil de faire prévaloir son propre jugement sur la décision du Législateur ? Ce système d'indépendance introduirait bientôt l'arbitraire dans les tribunaux. Chaque magistrat aurait un guide différent, parce que les opinions varient à l'infini ; ou si la crainte idéale d'être injuste avec la loi le forçait à remettre au souverain le dépôt qu'il lui a confié ; si l'honneur d'être le gardien de la loi lui paraît un esclavage trop rigoureux, le sanctuaire de la justice serait bientôt désert, et ses autels abandonnés annonceraient à tous les sujets du roi que l'anarchie la plus funeste a dépeuplé le temple de l'union, de la concorde et de la paix.

» L'observation de la loi est pour nous un précepte de rigueur ; nous lui devons l'hommage plein et entier de notre opinion ; elle seule répond des règles qu'elle fait exécuter. En vain le magistrat se repose sur la droiture de

son cœur et sur la pureté de ses intentions. La probité même, qui ne se soumet point à l'empire de la loi, marche
au hasard dans les sentiers de la justice,
ou dans ceux de l'iniquité. C'est avec
la même sécurité qu'elle échappe au
danger ou qu'elle s'y précipite. Loin de
nous la tentation de faire prévaloir les
idées d'équité naturelle sur les dispositions positives des lois. Plus on aurait
de lumière, plus elle serait à craindre :
*la loi est la conscience du magistrat. »
Réquisitoire contre un mémoire pour
trois hommes condamnés à la roue, de
l'imprimerie de Philippe-Denis Pierre,
1786, commençant par ces mots : le
11 août 1785, etc.*

(*i*) Mais le malfaiteur s'est révolté ;
il s'est déclaré lui-même en état de
guerre. — Cela se peut encore : s'il est
insensé, ce sont de ses affaires, mais
punissez-le du tort qu'il vous fait, non
de sa déraison. Quand il est en votre
pouvoir, la guerre qu'il vous fait est-elle
dangereuse, nécessite-t-elle sa mort,
serez-vous détruits si vous ne le tuez

pas ? Même dans ces animaux dont nous avons en quelque sorte associé l'espèce à nos destinées, mais que nous ne prenons point pour l'emblême de la noblesse, de la générosité, je ne vois pas que le dogue brise avec colère dans sa gueule formidable l'épagneul en délire dont la petite insolence le fatigue par ses aboiemens.

(*k*) Dès que l'exemple du crime est donné, il n'y a plus un moment à perdre ; il faut que celui du châtiment le suive : tout est perdu si l'on diffère ; et peut-être une foule de citoyens n'attendent que la première étincelle de l'exemple, pour enflammer des vices déjà tout préparés. C'est ainsi que les mœurs se corrompent, que les lois tombent dans le mépris, que le lien social se relâche ; c'est ainsi que tout criminel est un ennemi public, par la violence qu'il emploie et par la corruption qu'il introduit, et qu'on doit punir à-la-fois le mal qu'il a fait et celui qu'il suggère.

« Et voilà véritablement le grand but

de la justice criminelle, un exemple pour l'avenir, plutôt que la vengeance du passé: *La vengeance est une passion, et les lois en sont exemptes : elles punissent sans haine et sans colère ; elles punissent même avec regret ; et ce n'est pas sans peine qu'elles consentent à perdre un citoyen par le châtiment, après en avoir perdu quelqu'autre par le crime.*

» On les verrait plus avares du sang, s'il ne fallait quelquefois en prodiguer une partie pour sauver le reste, si le sacrifice d'un seul coupable n'en retenait mille autres dans le devoir : tout châtiment n'est donc qu'un acte politique, dont le premier objet est la conservation des mœurs ; mais le magistrat ne remplira jamais cet important objet, si le châtiment n'est presque aussi prompt que le crime. Il faut que ces deux idées soient si intimement liées, qu'elles se succèdent sans intervalle, et que le dessein du crime ne se présente pas plutôt que la terreur de la peine. » *Discours sur l'administration de la Justice Criminelle.* SERVAN, avocat-général.

(1) *Observations sur le projet du Code Criminel , par la Cour d'Appel de Rennes.*

« Le Tribunal a recherché , 1.º si la Peine de Mort est nécessaire; 2.º à quels crimes elle doit être restreinte; 3.º quels peuvent en être les accessoires. »

« En partant d'un principe qui ne saurait être contesté , savoir : que la loi ne doit établir que des peines strictement et rigoureusement nécessaires , il n'y aurait point à balancer d'abolir à jamais la peine de mort, qui , dans l'opinion personnelle de quelques membres du tribunal , n'est ni nécessaire ni utile , et de lui substituer un travail perpétuel et forcé, qui punirait sans contredit plus utilement que la mort, un criminel que la paresse, l'oisiveté ou la misère ont le plus communément engagé dans le crime.

» Tant d'hommes célèbres ont écrit pour et contre la Peine de Mort, que les doutes sur cette question tiennent plus à la diversité, à la contrariété des opinions et au nombre des écrivains qui se sont divisés, qu'à l'incertitude des principes qui devaient l'éclairer. Si ces principes, bien connus, n'ont pas subjugué ceux qui veulent encore (et c'est le plus grand nombre) que la société exerce un droit qui n'a pu lui être transmis par aucun des individus qui la composent ; si malgré la loi existante, qui abolit la Peine de Mort pour l'avenir, à compter de l'heureux jour d'une paix générale, le Gouvernement est résolu de la perpétuer ; si au milieu de nous-mêmes l'opinion du plus grand nombre est irrévocablement formée ; si elle résiste invinciblement au cri de l'humanité comme à la voix de la raison, ce serait s'épuiser en efforts superflus que de démontrer que la Peine de Mort n'est en rapport ni avec les devoirs de l'homme, ni avec ceux de la société, ni même avec ce droit de guerre dont ses apologistes sont obligés de la faire dériver, et qui ne fut jamais d'égorger un prisonnier vaincu, quand on peut l'enchaîner et l'empêcher de nuire.

« Le Tribunal se bornera donc à faire

connaître quelles sont, dans l'opinion
de la majorité de ses membres, les plus
justes limites de la Peine de Mort une
fois adoptée.

» On peut conjecturer, avec quelque
certitude, que la Peine de Mort tire son
origine de la très-antique loi du talion.
Il ne sera pas inutile de jeter un coup
d'œil philosophique sur cette loi.

» Le traitement du talion semble dériver du droit de la nature : en est-il
plus juste ? On peut dire qu'il convient
à la vengeance de l'homme plus qu'à
celle de la loi, qui ne doit punir qu'en
vue de quelque utilité, sans se plaire,
en quelque sorte, au supplice du coupable.

» En prenant dans un sens allégo-
rique, qui est, comme on le sait, le
caractère du style oriental, la loi du talion qui fut dictée par la Divinité même
au législateur des Juifs; en la regardant
comme une image de la proportion à
observer dans la distribution des peines,
on n'y peut voir qu'une émanation pure
de la justice divine; et cette interpré-
tation semble justifiée par les paroles

de Moïse au chapitre 5 du Deutéronome : *Pro mensura peccati erit et plagarum modus.*

» Ainsi une bonne législation criminelle imposera le traitement du talion,
quand il se trouvera en harmonie avec
le principe de la plus juste proportion
de la peine au crime ; elle le rejettera,
sans respect pour sa source , toutes
les fois qu'il blessera ce principe inviolable.

» Des nombreux exemples que l'on
cite de la peine du talion, le plus ancien, et peut-être le plus frappant, est
celui du borgne, à qui le malfaiteur
arrache le seul œil qui lui reste. Diodore de Sicile rapporte que, sur la représentation de la partie lésée , qu'il
n'y aurait pas de proportion entre le
crime et la peine, si le coupable n'était condamné qu'à la perte d'un œil,
la loi fut abolie ; et l'on voit aussi, dans
les lois de Solon, que celui qui avait
arraché le second œil à un homme déjà
privé de l'usage du premier, était condamné à perdre les deux yeux.

» La règle une fois posée, il est fa-

cile de juger quand la Peine de Mort
se trouve en rapport avec elle.

» Premièrement, tous les crimes dont
l'effet aura été la mort d'un homme,
méritent la Peine de Mort.

» Il peut y avoir attentat à la vie,
comme dans l'incendie, ou dans l'assassinat, sans qu'il y ait meurtre réel;
c'est-à-dire, sans qu'un seul être humain ait été tué. En ce cas, le Tribunal voudrait que l'assassin ou l'incen-
diaire ne fût pas puni de mort, mais
réduit à un esclavage perpétuel.

» On objectera que le crime est souvent plus atroce, quoiqu'il n'ait pas été
suivi de mort. La réponse est, que l'é-
normité du crime a pour mesure commune, l'intention et l'événement. Quelque aggravantes qu'on puisse imaginer
les circonstances du crime, la société a
moins à se plaindre, lorsqu'il n'y a
point eu de sang répandu, que lorsqu'elle a perdu, par le crime même,
un des membres qui la composent. En
ce dernier cas, le crime est consommé;
il ne l'est point dans l'autre : et quoiqu'on puisse dire qu'il l'était dans la

volonté manifestée du coupable, toujours est-il vrai que la consommation
réelle du crime laisse bien loin derrière
elle toute l'atrocité imaginable des tentatives.

» En un mot, la mort peut seule,
dans l'opinion du Tribunal, justifier la
peine de mort. La même distance qui
existe entre l'effet du crime réuni à l'intention, et l'intention seule non suivie
d'effet, doit être observée dans la gradation de la peine ; et cette gradation,
cette proportion, base immuable des
lois pénales, serait violée en punissant
de mort l'un et l'autre criminel.

» Secondement tous les crimes qui
tendent à renverser le Gouvernement,
soit qu'ils se rapportent à la sûreté exté-
rieure de l'empire, soit qu'ils attentent
à la sûreté intérieure ; tous les crimes
qu'on peut qualifier d'un seul mot, et
ce mot est conspiration, dont il importe
essentiellement de bien préciser les caractères, méritent d'être punis de mort,
quand la Peine de Mort est admise.

» Ici la différence est sensible entre
le crime d'homme à homme et celui

d'homme à la société. Si d'homme à homme l'attentat ne doit être puni de mort que lorsque la mort a suivi l'attentat, la même règle ne peut convenir aux conspirations contre le corps social; il serait trop tard de ne les punir de mort qu'après l'entière dissolution de la société, que leur but est de réaliser.

» Si nous arrêtons notre pensée sur le crime de conspiration, nous conviendrons qu'il est infiniment plus atroce que l'attentat à la vie d'un homme; il est le plus horrible de tous les forfaits, et le plus funeste, puisqu'il tend à la ruine entière de la société, à la mort de tous. Il est donc juste de lui infliger la plus grande peine, la plus sévère qui ait été introduite dans le code de la nation, dont tous les citoyens ont un intérêt direct à la punition des conspirateurs. Leur conspiration les constitue en état de guerre avec la société; et le droit de guerre donne à la société attaquée, le droit de mort contre les agresseurs.

» Seront punis de mort : 1.° tout attentat à la vie des citoyens dont la mort aura été la suite;

» 2.º Toute conspiration tendant à renverser ou à changer le Gouvernement établi ;

» La Peine de Mort pour tout autre crime est abolie ;

» Telles sont les dispositions générales dont le Tribunal sollicite l'insertion dans le Code Pénal. »

Observations de la Cour d'Appel, séant à Orléans, sur le projet de Code Criminel.

« On a long-temps disputé sur la nécessité de la Peine de Mort dans ces derniers temps ; on a même été jusqu'à révoquer en doute sa légitimité. On s'est demandé, si la société, qui n'a de pouvoirs que par l'abandon que chacun des individus qui la composent est censé lui avoir fait de ses droits, pouvait avoir sur ces individus plus de droits qu'ils n'en avaient eux-mêmes.

» Cette question, qui tient à l'exagération des idées philanthropiques et aux principes obscurs d'une abstraite théorie sociale, est plus vicieuse qu'utile. Dans toutes les sociétés, dans tous les Etats dont l'histoire a consacré le souvenir, la Peine de Mort a été employée contre les grands crimes : il n'en faut pas davantage pour résoudre la question. *Il faut bien plus que des faits, pour résoudre une question de droit; et beaucoup plus que ce qui est, pour décider ce qui doit être.* Un droit qui a toujours existé par le fait, ne peut pas être un problème. *Je ne comprends pas cela.* La Peine de Mort devient légitime par cela seul qu'elle est souvent nécessaire. *Oui; mais de quelle nécessité? Le vol est nécessaire à celui dont les enfans n'ont pas de pain.*

« C'est un principe reconnu que les supplices en général, et sur-tout celui de la mort, sont plutôt faits pour prévenir que pour punir, et que la répression d'un crime ne serait qu'un crime de plus, sans ce but moral et salutaire. Tout ce qui contribuera donc à rendre l'exemple plus utile et l'impression plus profonde, rentrera dans le but que se propose la société. Ce principe, absolument vrai, n'est modifié que par les

lois imprescriptibles de l'humanité,
parce que tout ce qui approche d'une
cruauté inutile, semble plus appartenir
à la vengeance de l'homme qu'à celle
de la loi, qui doit être impassible comme
la loi elle-même. »

Observations du Tribunal d'Appel,
séant à Pau.

*Pour le Tribunal de Pau, voici ce qu'il
dit. Si ce n'est pas sa manière de penser,
c'est sa manière de sentir.* « On pourrait réserver pour de tels coupables,
(des criminels d'Etat) si l'on ne croit
pas devoir les soumettre d'ailleurs à
des tortures particulières, l'exposition
proposée aux regards du peuple, en
présence de la hache fatale, pendant
une heure, ou même une plus longue
durée de temps ; il serait trouvé juste,
en pareil cas et sans excès de rigueur,
que le condamné se sentît, pour ainsi
dire, périr plusieurs fois par les angoisses d'une mort prolongée. » *Renvoyé
à la décision d'un Conseil d'Etat, pré-
sidé par Torquemada.*

Revenons aux hommes.

*La Cour d'Appel, séant à Riom, cite
les passages suivans de Montesquieu.*

« La sévérité des peines est toute en-
» tière du génie du Gouvernement des-
» potique, dont le principe est la ter-
» reur. Mais dans les monarchies, dans
» les républiques, dans les Etats mo-
» dérés, l'honneur, la vertu, l'amour
» de la patrie, la honte et la crainte du
» blâme, sont des motifs réprimans qui
» peuvent arrêter bien des crimes. Dans
» ces Etats, un bon législateur s'atta-
» chera moins à punir les fautes qu'à
» les prévenir; il s'appliquera plus à
» donner des mœurs qu'à infliger des
» supplices. »

« Dans les Gouvernemens modérés,
» tout, pour un bon législateur, peut
» servir à former des peines. »

« Dès qu'un inconvénient se fait sen-
» tir dans un Etat où le Gouvernement
» est violent, le Gouvernement veut
» soudain le corriger, et au lieu de faire
» exécuter les anciennes lois, on établit
» une peine cruelle qui arrête le mal

» sur-le-champ ; mais on use le ressort
» du Gouvernement. L'imagination se
» fait à cette grande peine , ainsi qu'elle
» s'était faite à la moindre ; et , comme
» on diminue la crainte pour celle-ci ,
» on est bientôt forcé d'établir l'autre
» dans tous les cas. »

« Les vols sur les grands chemins
» étaient communs dans quelques Etats ;
» on voulut les arrêter ; on inventa le
» supplice de la roue qui les suspendit
» quelque temps : depuis , on a volé
» comme auparavant sur les grands che-
» mins. »

Observations du Tribunal d'Appel, séant à Trèves.

« Un Code Criminel est un signal de
guerre que la loi montre au crime et à
ses auteurs. Sa vue doit effrayer l'ame
du scélérat ; son aspect doit retenir
l'homme qui combat contre son funeste
penchant. Mais cette guerre, toute
légitime qu'elle est, mais le droit de
punir, déféré à la société, reconnaît
des bornes qu'on ne peut franchir sans

blesser la nature , l'humanité et la dignité nationale de chaque peuple.

» On a découvert , dans les siècles de lumière et de philosophie, une grande vérité, qu'une nation trace , par ses lois criminelles , les véritables annales de son histoire. Elle travaille pour sa gloire , ou elle prépare son propre déshonneur, selon qu'elle est modérée ou barbare dans la distribution des peines.

» Ce serait manquer le grand but du Code Criminel , s'il répugnait au caractère national de la société pour laquelle il est fait. Rien ne mène plus promptement à ce danger , que la cruauté et la longueur des supplices , que la cumulation des châtimens, que l'art de prévoir de nouveaux crimes , que l'impolitique science d'effrayer autant l'honnête homme , le paisible citoyen , que le brigand , que l'homme corrompu.

« L'expérience , dit Montesquieu , a fait remarquer que dans les pays où les peines sont douces , l'esprit en est frappé comme il l'est ailleurs par les grandes.

» Je vais donc, continue l'avocat Chaussard, ouvrir à vos yeux les annales du monde. Si ces sanglantes législations, dont je vais parcourir le tableau, n'ont pas épouvanté les crimes ; si au contraire ils semblent alors renaître avec plus de rage sous la verge de fer qui les frappe ; si, d'un autre côté, les pages de l'histoire sont moins souillées de forfaits, lorsque des législations douces et modérées ont réglé les empires, la question alors sera décidée : de ce tableau comparatif et analytique, résultera cette conclusion épouvantable, que pendant des siècles entiers le sang des hommes a coulé sur la terre comme l'eau des fleuves, sans qu'il soit résulté autre chose de ces assassinats juridiques, qu'un malheur de plus ajouté à la liste effroyable des malheurs et des fléaux dont l'homme est en tout temps, en tous lieux, la victime sans cesse renaissante.

» Est-ce dans ces siècles horribles, est-ce sous la domination barbare des Tibère, des Caligula, des Néron, des Commode, des Héliogabale ? lorsque

la verge du despotisme était sans cesse
levée sur tous les citoyens ; lorsque la
hache menaçait et frappait indistinctement toutes les têtes ; lorsque les dé-
lateurs s'asseyaient sur le char de triomphe des Paul Émile ; est-ce alors qu'en
voyant plus de supplices, on vit moins
de crimes ?

» Venez, ô malheureux partisans de
la sévérité ! feuilletez, si vous en avez
le courage, ces annales épouvantables
que je ne lis qu'en frissonnant, et que
ma main a plus d'une fois jetées avec
horreur. Dites-nous, si alors la vertu
était plus en honneur, les mœurs plus
douces, les Dieux plus vénérés, les
biens et la vie des hommes plus respectés que sous le règne humain et
doux des Titus, des Trajan, des An-
tonin, et des Marc-Aurèle.

» Transportez-vous dans ces temps
où l'empire devient le jouet de chaque
scélérat assez intrépide pour en entre-
prendre la conquête. Dans quel avilis-
sement tombe le nom romain ! Quelle
dégradation éprouvent ces ames cou-
rageuses ! Quel asservissement mépri-

sable ! Quel enchaînement affreux de
meurtres, de trahisons, de complots !
L'extinction des lumières, l'oubli de
toute morale, l'anéantissement des vertus, la seule énergie qui fait de grands
scélérats, la lie épouvantable des plus
noires horreurs, voilà ce que traine
après soi la cruauté. »

On peut encore observer que nos
lois atroces, celles de la Question particulièrement, ne sont ou n'étaient
qu'un reste hideux, conservé par la
routine, de l'ancienne jurisprudence contre les esclaves, et cela malgré la liberté dont l'Europe se vaute, malgré
l'abolition de l'esclavage que le Chris-
tianisme s'attribue.

Ainsi le résultat de l'abolition de
l'esclavage ne fut pas d'abolir les lois
bien dures que l'on avait portées contre
les esclaves, mais de les étendre aux
hommes libres pour lesquels, ou plutôt
contre lesquels on ne les eût jamais
faites. *Si Servus*, *vapulet*, disaient

nos lois modernes elles-mêmes, les capitulaires de Charlemagne. Mais depuis on fit mieux; on tortura, on mutila des milliers de Francs, non pas seulement en punition de quelque crime, mais pour tâcher d'apprendre si peut-être ils n'en auraient point commis.

FIN.

BIBLIOTHÈQUE ROYALE

www.ingramcontent.com/pod-product-compliance
Lightning Source LLC
LaVergne TN
LVHW011000180726
843502LV00004B/1264